Aldidente

Astrid Paprotta · Regina Schneider

Aldidente

30 Tage preiswert schlemmen

Ein Discounter wird erforscht

 Eichborn.

Liebe Aldi-Fans!
Wenn Sie weitere leckere Rezepte mit Aldi-Produkten kennen, schreiben Sie an den Verlag.

»Die Nennung von Produkten in diesem Buch dient ausschließlich Informations-zwecken und stellt keinen Warenzeichen-mißbrauch dar.«

Sämtliche Mengenangaben in diesem Buch sind für vier Personen. Produkte, die's bei Aldi nicht gibt, sind *kursiv* gedruckt.

Aktualisierte Neuausgabe 1998

© Eichborn GmbH & Co. Verlag KG
Frankfurt am Main, August 1996
Umschlaggestaltung: Christina Hucke
unter Verwendung einer Zeichnung von Uschi Heusel
Lektorat: Matthias Bischoff
Satz: Fuldaer Verlagsanstalt, Fulda
Druck und Bindung: Werner Söderström OY, Finnland
ISBN 3-8218-1589-2

Das umfangreiche farbige Verlagsverzeichnis
schickt gern und kostenlos:
Eichborn Verlag,
Kaiserstraße 66,
D-60329 Frankfurt am Main
http://www.eichborn.de

Zum Geleit der aktualisierten Neuausgabe

Da sind wir wieder.

Wirr schwirrten die Gerüchte ins Kraut und in die Rüben: wo ist Aldidente denn geblieben? Ist es aus? Nein, schlimmer: Aldidente ist zurück! Was ist zu bedenken? Aldidente führt, anderslautenden Behauptungen zum Trotz, keineswegs zum Rinderwahn. Aldidente wird nicht schlecht. Bei bestimmungsgemäßem Gebrauch führt Aldidente auch nicht zu Dauerschäden.

Wir bedanken uns bei Helga Zuber. Ihr hat das Buch gefallen. Wir danken Gudrun Bolduan, ohne deren Umsicht und Organisationsgenie wir längst in den Seilen hingen. Wir bedanken uns zuförderst bei Miss Linda Clifford® für die Lösung unserer Geschmacksfragen im Textilbereich (bspw.: »Damen-Kasacks überwiegend mit Rückenriegel«). Wir danken all jenen, die das vorliegende Werk nur verschenkt und nie gelesen haben: ist ihnen wirklich etwas entgangen? Testen Sie selbst. Eine Geld-zurück-Garantie gibt es allerdings nicht.

1. Tag, Sonntag. Let's dance

Vögel singen, Glocken läuten, alle Geschäfte haben zu. Auf Kundschaft warten an diesem Tag nur Wirts- und Gotteshäuser. Es ist ein besinnlicher Tag in einem Mietshaus, irgendwo in einer deutschen Stadt. Füße werden hochgelegt, Bettwäsche lüftet feierlich auf Fensterbänken, Bratenduft durchzieht die Stille. Doch dann ist es plötzlich vorbei. So abrupt setzt die Ruhestörung ein, daß es zunächst wie eine Attacke wirkt, ein hinterhältiger Angriff auf das Sonntagsgemüt. Musik brandet auf, sie kommt aus dem dritten Stock, doch da setzt die Verwirrung schon ein: Musik? Es dröhnt. Es wimmert und es wummert. Bässe statt Kirchenglocken. Was hat das zu bedeuten?

Auf den Hausmeister ist kein Verlaß mehr. Herbeigeeilt, sich zu beschweren, hält er plötzlich inne. Was macht der Mann? Seine Hüften beginnen zu rotieren, gleichmäßig ruckt sein Kopf. Auch das nette Ehepaar, das sich eben noch auf dem Weg zum Gotteshaus wähnte, wirft das Gesangbuch in die Ecke, um einen ungezügelten Tanz zu wagen. Selbst die Polizeibeamten machen keinen guten Eindruck. Alarmiert, die Ruhestörung zu beenden, stürmen sie forsch die Treppen hinauf, zwei junge Männer mit rosigen Gesichtern. Doch vergessen sie sich bereits vor der Wohnungstür des Ruhestörers, hinter der es unverdrossen wummert. »Dr. Alban«, sagt der eine Ordnungshüter und beginnt mit den Fingern zu schnippen. Der zweite besitzt immerhin die Entschlußkraft, den Ruhestörer hinauszuläuten.

Es ist ein Endzwanziger, der Ruhestörer, und er hält der Staatsgewalt ein Päckchen entgegen. »Party & Dance« steht auf diesem Päckchen, bei dem es sich, wie er sogleich erklärt, um ein CD-Set handelt, eine Dreier-Box. »Stundenlange Laufzeit!« ruft er durch das ganze Haus. »Nur 19,98!«

»Nicht mööglich!« schreien die Ordnungshüter zurück.

Bedeutungsvoll klimpert der Ruhestörer mit den Augen. »Gibt's bei Aldi.«

»Wahnsinn«, bekennt der eine Beamte.

»Konkurrenzlos günstig«, sagt der andere.

»Ja, nicht?« Der Ruhestörer lächelt.

»Drei CD's im Sammelschuber. Keine 20 Mark.«

Die vier Augen des Gesetzes glänzen. Gibt's bei Aldi? Nix wie hin. Schade, daß Sonntag ist. Sonntags hat Aldi zu. Sonntags sind die Kirchen geöffnet. Sonntags schläft man aus und hat bisweilen einen schweren Traum. Dann kämpft man sich aus dem Bett, die Glocken läuten, sonst ist es still. Ein Nachhall noch im Kopf – was ist geschehen? Ein magisches Wort ist gefallen, selbst im Traum: Aldi. Jeder kennt Aldi, niemand redet darüber. Aldi ist ein seltsames Reich.

Manche Träume wollen Wahrheit werden; Aldi, wie geht es da zu? Schnell ist der Rucksack für die Exkursion gepackt, Blöcke, Stifte, Kleingeld. Morgen ist Montag.
Dann hat Aldi auf.
Dann heißt es:
Nix wie hin.

1. Sonntags-Brunch

(Champagner, Kaffee, Tee, frischer Orangensaft, Baguettebrötchen, Knäckebrot, Marmelade, Delikateß-Rührei, Putenaufschnitt mit Thunfischsauce, Müsli, Käseaufschnitt, Räucherlachs, Kellogs-Crunchy, amerikanischer Obstsalat)

1 Flasche Vve. Monsigny Champagne brut
Amaroy Kaffee
Ceylon-Tee Indien-Mischung im Beutel (Westcliff)
12 Baguettebrötchen zum Aufbacken (Sinnack)
250 g Süßrahm Butter
Bioreformmargarine mit Joghurt-Kulturen (Bellasan)
1 Dose Thunfisch
1 Becher Schmand
1 Paket Putenbrust, heißgeräuchert (Westfalen Krone)
1 Bund frische Kräuter (Petersilie, Schnittlauch)
1 Paket Käseaufschnitt
Altländer Dreifrucht Konfitüre extra
200 g Kellogs Crunchy Nut
200 g Müsli
2 Beutel fettarmer Trinkjoghurt, Erdbeer oder Banane (Grüne Aue)
200 g Delikatess Hinterschinken
10 Eier Güteklasse A
1 kg Orangen
250 g Bananen
3 Kiwis

250 g israel. Erdbeeren
$^1/_2$ frische Ananas
je 125g grüne und blaue Trauben
$^1/_2$ Honigmelone
60 g Zucker

Champagner kaltstellen. Brötchen im Backofen aufbacken und nicht vergessen, eine Schale Wasser in die Röhre zu stellen, damit sie knusprig braun werden. Für Rühreier den Hinterschinken in Streifen schneiden mit den verquirlten Eiern und etwas Butter in der Pfanne stocken lassen. Mit frischer, gehackter Petersilie anrichten. Putenbrust mit einem scharfen Messer in feine Scheiben schneiden, auf Tellern anrichten und mit Thunfisch-Soße übergießen. Dazu den Thunfisch abtropfen lassen, mit einer Gabel zerdrücken und unter Zugabe von etwas Schmand sämig rühren. Über die Putenscheiben geben und mit geschnittenem Schnittlauch garnieren. Frischen Orangensaft (pro Person 1-2 Orangen) auspressen. Restliche Orangen schälen und mit allen anderen Obstsorten zu einem bunten Obstsalat vermischen. Trauben zusätzlich entkernen und Erdbeeren vierteln, zuckern und ziehen lassen. Kellog's Crunchy Nut (Cornflakes) und Müsli mit Trinkjoghurt anrichten. Käseaufschnitt mit frischen Kräutern garnieren. Zum Schluß Tee und Kaffee aufbrühen.

Tip: Amaroy-Kaffee hat Alltagsqualität. Genießer sollten zu *Espressocafé* greifen und ihn mit aufgeschäumter Milch genießen. Das geht am besten so: Milch im Topf heißmachen und mit dem Pürierstab kräftig aufschäumen.

Dazu paßt ein Glas Champagner vorneweg, denn Sonntag ist nur einmal in der Woche!

Summa summarum
mit Champagner!:
40 Mark

2. Tag, Montag. Bohren und Schleifen

Drohen Aufruhr, Chaos, Rebellion? In einer unauffälligen Straße haben sich Menschen versammelt, Dicke, Dünne, Greise, Jungsenioren, auch die Jugend ist vertreten. Männer und Frauen.

Arbeiter mit Spätschicht, Schichten ohne Arbeit, eine internationale Gemeinschaft. Doch sie tragen keine Transparente. Sie schwingen auch keine Fäuste; sie warten. Still stehen sie da, wechseln nur das Standbein dann und wann. Ganz Verwegene tippeln sacht ein wenig auf und ab.

Gibt es was umsonst? Ein Aushang gibt bekannt: im Angebot sind Bohrmaschinen. Kaffee gibt's für 4 Mark 98, Eierspätzle für 70 Pfennig. Kein Zweifel ist mehr möglich: Es handelt sich um einen Aldi-Laden.

Aldi, öffne Dich! Die Leute warten. Das tun sie immer und überall. Jeden Morgen, in jeder Stadt, vor jedem dieser Läden, die entweder Aldi oder Albrecht heißen, hat sich bereits zehn Minuten vor Öffnung eine kleine Schar versammelt. Stoisch harren sie aus; treibt sie die Angst um, daß ihr Aldi womöglich über Nacht einer kessen Boutique Platz gemacht haben könnte? So rücken sie beizeiten an: alles gut. Aldi steht noch. Albrecht auch. Mit 650 Watt und einer Leerlaufdrehzahl von 11.000 RPM laufen in dieser Woche seine Bohrmaschinen; zugreifen, sonst sind se weg.

Noch sieben Minuten. Eine junge Frau schaukelt mit einer Hand einen Kinderwagen, während sie mit der anderen eine Zigarette hält. Eine dieser Tätigkeiten scheint dem Nachwuchs gar nicht zu bekommen; ein drohendes Fäustchen reckt sich in die Morgenluft. Rot angelaufen ist der neue Erdenbürger und würde gerne fluchen, wenn er es schon könnte.

Bohrmaschinen. Eine alte Frau nimmt das interessiert zur Kenntnis. Was hat sie groß zu bohren? Ein paar schöne Bilder hat sie an den Wänden, die sind mit Nägeln befestigt und noch niemals abgestürzt. Doch könnte der Sohn eine gebrauchen, der bohrt bisweilen, besonders gern am Wochenende, da werkelt er herum. 35,90, kann doch keiner was sagen. Hat sie über zwanzig Mark gespart, denn bei Hertie kosten die 59,90 und schämen sich

nicht. Man muß sparen, wo man kann. Sie reibt sich die Hände. Nebenan preßt ein alter Mann eine alte Aktentasche gegen den Bauch. Immer wieder späht er zum Wohnhaus gegenüber; er hat doch nicht vergessen, das Gas abzustellen? Wäre dumm, er bei Aldi, und dann fliegt sein Haus in die Luft. Müßte er, strenggenommen, gar nichts mehr einkaufen, denn der Vorrats- und der Kühlschrank, in denen er Aldis Lebensmittel verstaut, wären dann ja auch hin. Also strenggenommen. *Flöge* das Haus in die Luft, aber das wollen wir doch nicht hoffen. Fahrig zählt ein anderer immer wieder Kleingeld ab – wird doch reichen? Kein Mensch will später an der Kasse einen roten Kopf bekommen müssen.

Noch vier Minuten. Ein junger Mann schirmt die Augen ab und stellt sich dicht ans Aldi-Fenster. Genauer betrachtet, sind die Bohrmaschinen elektrische Winkelschleifer. Geeignet für alle handelsüblichen 115 mm Ø Schleifscheiben. Mit Handgriffen für Rechts-/Linkshänder. Mit Stirnloch-Schlüssel. Er sollte die alte Frau darüber informieren, daß sie beabsichtigt, ihrem Sohn einen elektrischen Winkelschleifer zu kaufen, der keine Bohrmaschine ist, aber er tut es nicht.

Noch zwei Minuten. Jetzt werden die Markstücke für die Einkaufswagen hervorgeholt. Drinnen unterhalten sich zwei Kassiererinnen; noch wirken sie verloren im leeren Laden. Doch wäre das für die Leute draußen eine gute Gelegenheit, ebenso zwanglos ins Gespräch zu kommen – »Kaufen Sie auch bei Aldi?« Allerdings benimmt sich jeder, als sei der andere gar nicht da. Städtisches Stilleben: Menschen vor Discountladen, reglos. Vor dem Opernhaus stehen die Leute genauso gesittet herum, was zu der Annahme führt, daß es sich bei der zu erwartenden Belohnung für dieses Üben-in-Geduld um einen ungeahnten Lustgewinn handeln muß. Ein Schlüssel dreht sich im Schloß. Durchatmen. Nix wie rein.

2. Linseneintopf (mit Edelzwicker)

2 Büchsen Stella-Linsen
mit Suppengrün
3 Zwiebeln
2 EL kaltgepreßtes Olivenöl,
extra vergine (Lorena)
3 *Knoblauchzehen*

4 El Petti-Tomatenmark 3-fach
konzentriert
2 Glas Grüner Veltliner
oder anderen trockenen Weißwein
8 kleine Tomaten
Saft von 2 Zitronen

Salz
Pfeffer
1 Prise Zucker
100 g geriebener Emmentaler
4 Elsäßerbrötchen

Zwiebeln würfeln, Knoblauch mit Salz zerdrücken und im Olivenöl anbraten. Das Tomatenmark unterrühren und mit Grünem Veltliner ablöschen. In den Sud die fertige Linsensuppe geben, leicht umrühren und langsam erhitzen. In der Zwischenzeit Tomaten kurz in kochendem Wasser ziehen lassen, Haut abziehen, Strünke entfernen und vierteln. Zitronen auspressen, Saft und Tomaten in die erwärmte Linsensuppe geben und alles zusammen heiß werden

lassen. Mit Salz, Pfeffer und Zucker abschmecken. Vor dem Servieren geriebenen Emmentaler unterziehen.
Elsäßer Brötchen kurz aufbacken; eine Tasse Wasser in der Röhre läßt sie knackig braun werden! In Baguettescheiben schneiden.

Tip: Mit je einem Paar Wienerle im zarten Saitling (Gut Ostergaard) wird der Eintopf noch gehaltvoller. Einfach in der Linsensuppe ohne Kochen garziehen lassen.

Dazu paßt: Heuriger Grüner Veltliner, trocken 11%, 1996.

Summa summarum mit Wein und Würstchen: 15,20 Mark

3. Tag, Dienstag. Stauraum

Von draußen gesehen, handelt es sich bei Aldi um ein gewöhnliches Unternehmen; Aldi hat ein Logo. Es sieht eigenwillig aus. Als hätte jemand begonnen, ein »A« zu zeichnen und im Verlauf dieser Tätigkeit wieder damit aufgehört. Als hätte ihn der Mut verlassen, weil das »A« ein wenig schief zu werden drohte. Ein halbes »A«, die Ahnung, was aus diesem »A« hätte werden können – egal, werden die Designer sich gesagt haben, als sie das Ganze (respektive das Halbe) noch mit den harmonischen Farben Orange und Blau unterlegten, schräg ist schön. Das stimmt. Schon von weitem grüßt das Aldi-Logo, wirkt wie ein Signal auf jedem Laden-fenster und auf jeder durch die Stadt geschleppten Tüte.

Drinnen lauern die Tücken des Lebensmittelhandels. Ein Kunde kriegt den Einkaufswagen nicht vom Fleck: junger Mann in aparter Lederjacke. Vielleicht ist seine weibliche Beziehungshälfte unpäßlich, hat es möglicherweise ein halbes Beziehungsleben lang versäumt, den Abschnittsgefährten in die Freuden des Einkaufens einzuweisen, jedenfalls kommen der junge Mann und der Einkaufswagen nicht zusammen. Er zerrt, er flucht, der Mensch, allein der Wagen, er bewegt sich nicht.

»Geld in Schlitz«, klärt ein Stammkunde den Unbeholfenen auf. »Rein tun. Markstick.«

»Ja, ja«, murmelt der junge Mann, dessen Gesicht sich inzwischen leicht gerötet hat -- das Markstück hat er rasch gefunden, allein, wo ist der Schlitz?

Mark in Schlitz: nichts Ungewöhnliches. Angehalten, die Wagen nach erfolgtem Einkauf nicht wild in der Gegend zu verstreuen, ist die verehrte Kundschaft im bundesdeutschen Lebensmittelhandel aufgefordert, dieselben wieder ordentlich ineinander zu schieben. Dazu bedarf es freilich der ausgeklügelten Markstück-Sanktion. Da so ein Einkaufswagen so lange seinen Dienst verweigert, bis man ihn mit Hilfe eines in eine Art Ritz (Schlitz) zu schiebenden Markstückes aus einer Art Verankerung gelöst hat, ist es einsichtig, daß man an sein Geld erst wieder herankommt, nachdem man den benutzten Wagen wiederum mit dem Rest der Reihe verkettet hat, worauf wie von

Zauberhand das deponierte Markstück wieder freiliegt. Das ist bei Aldi nicht anders als bei Tengelmann.

Sonst ist alles anders. Brot, Spirituosen, Putzmittel. Damenstrümpfe, Kaffee, Süßwaren – anscheinend räumen sie gerade auf. Haben neue Ware bekommen, hatten noch nicht die Zeit, sie ordentlich einzuräumen, abgehetzt, wie sie hier sind. Jedenfalls liegt das Zeug in Kisten. Überall stehen Kisten herum. Butter in Kisten, Haushaltsreiniger in Kisten, Nudelpakete in Kisten, Kisten getürmt auf dem Boden, Kisten in der Kühltheke, eine Studie in Karton, eine kleine Papporgie – wir halten inne. Die Kunden aber, sie greifen hinein.

Nicht, daß Aldi keine Regale hätte. Stabil stehen sie da, tadellos, doch haben die Kisten sich selbst hier, auf einigen Brettern und Böden, zusammengetan, prall gefüllt mit Aldis Sortiment. In der Nudelkiste läßt sich das Unterste zuoberst schaufeln, und immer wieder hält man Nudeln in Händen. Da ist es eine Freude, der Kundschaft dabei zuzusehen, wie sie gleichsam schlafwandlerisch in diese Kisten greift, als hätte es so etwas wie aufgeputzte Erlebnisflächen in den Lebensmittelabteilungen der Kaufhäuser nie gegeben, wo gestapelte Käsehäppchen an deliziösen Traubenhäufchen grinsend auf Leckermäulchen warten. Hier liegt das Zeug halt rum. Fast meint man, »die Ware an sich« zu sehen, hüllenlos, schnörkellos und ohne Zier. So banal kann das Konsumgut sein, alltäglich halt, belanglos. Das ist Aldi, eine Baustelle mit Stil und laut *Wirtschaftswoche* »das effektivste deutsche Handelsimperium«.

Aldis Kundschaft hat sich mit der Schlichtheit abgefunden. Staffage hat sie nicht nötig. Hat sie sich den puren, unverfälschten Blick auf die Dinge bewahrt? Auf diese Idee könnte man glatt kommen; mühelos identifiziert sie Kartons jeden Zuschnitts, zügig greift sie hinein – einerseits.

Andererseits ist das billiger – für die Kundschaft im allgemeinen und für Aldi im besonderen, hält sich das Unternehmen doch an die einleuchtende Strategie, mit möglichst niedrigem Aufwand möglichst hohen Umsatz zu erwirtschaften. Nun zu folgern, Aldi nutze die Raumnot kreativ, scheint uns dabei zu kurz gedacht. In Aldis Räumen, möchten wir meinen, präsentiert sich die Speerspitze einer neuen Bescheidenheit. Nicht daß die Kunden das so gewollt hätten, es bleibt ihnen nichts anderes übrig. Aldis zur Geschäftsphilosophie geadelter Geiz und der Kunden Sparsamkeit reichen sich die Hand; Luxus war gestern. Pappe ist Pflicht, das Konzept ist Karton; aha, denken wir, das ist die Reduktion auf das Wesentliche. So gesehen, wirken die gestapelten Käsehäppchen der feineren Konkurrenz ziemlich albern, so gesehen, ist Aldi

Avantgarde, setzt auf Erlebniseinkauf ganz eigener Art. »Fast 60 Prozent aller Verbraucher«, hat die *Frankfurter Allgemeine Zeitung* herausgefunden, »verstehen unter Einkaufsspaß ›günstige Angebote‹«. Doch springt dir das »Erlebnis« nicht grinsend ins Gesicht. Du mußt es suchen. Schau'n mer mal weiter.

3. Kartoffelpuffer mit Apfelmus

1 kg Kartoffeln
5 EL Weizenmehl (Sonnenstrahl),
Type 405
1,5 TL Salz
1/2 TL frisch gemahlener Pfeffer
4 Eier Güteklasse A
3 EL reines Sonnenblumenöl (Bellasan)
Süßrahmbutter
zum Ausbacken
Apfelmus im Tetra Pak (Sterngold)

Kartoffeln schälen, waschen und mit der groben Rohkostreibe in feine Streifen (à la Julienne) raspeln. Überschüssige Flüssigkeit abgießen, mit Mehl, Salz und Pfeffer vermengen. Eier und Sonnenblumenöl zugeben und gründlich durchmengen. Butter in der Pfanne leicht braun werden lassen und aus jeweils einem Eßlöffel Kartoffelteig kleine Puffer ausbacken. Sowie die Ränder braun werden, Puffer wenden. Den Teig in der Schüssel immer wieder umrühren und unter Zugabe von Butter ausbacken. Auf Küchenkrepp abtropfen lassen und mit Apfelmus servieren.

Tip: In jedem Fall ist das Apfelmus (Sterngold) dem überzuckerten Apfelkompott mit Stücken (Gartenkrone) vorzuziehen. Noch besser schmeckt dagegen die Hausmacher-Version: 500 g Äpfel (Brasilianische Gala) – geschält, geviertelt und ohne Kerngehäuse –, 1 Glas trockener Weißwein (Müller-Thurgau), 3-4 EL Aprikosenmarmelade und 3 Messerspitzen *gemahlener Zimt* kurz aufkochen und durchs Sieb passieren.

Dazu paßt im Sommer gut gekühlter Apfel-Cidre (PurPom) und winters eine Tasse Kakao (Tropengold) mit Sahne und einem Schuß Amaretto.

4. Tag, Mittwoch. Lebensmittel

Kunden und Kisten sind gut aufeinander eingespielt. Eine Kundin sehen wir im Toilettenpapier wühlen; was treibt sie um? Ihren Namen kennen wir nicht, das Toilettenpapier aber könnte – Kokett® heißen. Oben liegt 3-lagiges, 8 Rollen für 4,98. Zellstoff ohne Chlorbleiche. Triumphierend zieht die Kundin aus diesem Karton jedoch *2-lagigen* Zellstoff heraus, und diese 8 Rollen belaufen sich auf 2,59: 100% kokettes Altpapier.

»Gehört gar net da nei«, murmelt sie, wohl wissend, daß es nachlässige Mitmenschen gibt, die ihre Finger überall haben, hier und dort hineinlangen und sich hinterher keinen Deut mehr darum kümmern, welches Teil in welcher Kiste lag. Diese Kundin müssen wir zur Stammkundschaft zählen. Neue Kundschaft räumt nicht auf. Neue Kundschaft erkennt man zweifelsfrei an einem leicht verwirrten Blick; wo ist der Parmesan?

Es gibt ihn nicht, respektive nicht hier. Aldi führt nicht alles, doch was genau führen sie? Wir haben den Parmesan gesucht, wir haben Teppiche gefunden. »Roma Super«, gibt Aldi bekannt, »Wohnbehagen im Großformat«, wollen sagen: 170 x 230 cm, knappe 100 Mark. Wir kämpfen uns voran, sehen eine Aluminium-Vielzweck-Leiter (»platzsparend aufzubewahren«) und stoßen, schon recht eingeschüchtert, gegen einen Posten Gästebetten, klappbar, 69,90.

Ist das denn kein Unternehmen der Lebensmittelbranche?

Butter! Erleichtert nehmen wir sie zur Kenntnis, beruhigt orten wir Teigwaren aller Art, und mit Freude grabschen wir in eine Kiste voller Brot. Dabei fällt unser Blick auf ein Maniküre-Etui, 8-teilig, strapazierfähiges Rindleder. Wo ist der Joghurt? Zur Not täte es auch Quark. Ein Prismen-Fernglas wartet zu unserer Linken, faltbar, »mit umstülpbaren Augenmuscheln für Brillenträger.« Ermattet suchen wir Halt. Es gibt Stapelhocker aus massiver Kiefer, »praktisch für jeden Haushalt«. Praktisch, jawohl, aber hier?

Wo sind wir?

Des Rätsels Lösung: Sonderposten, auch Aktionsware genannt. Zusätzlich zum Sortiment schlägt Aldi zweimal wöchentlich wechselnde Gebrauchsgüter los und bringt sie in hohen Stückzahlen unters Volk. »Aldi informiert« ist dann in den kostenlosen Anzeigenblättern zu lesen, wenn das Unternehmen erklärt, daß es diese Woche Feinstrumpfhosen führt, Steppbetten oder Elektro-Tacker (»incl. 500 Heftklammern«). Doch erschließt sich uns der Sinn des Ganzen erst, als wir den Sonderposten Sportunterhosen – lang, für Damen und Herren – erspähen, denn es ist kalt. Ist es kalt, braucht die Menschheit lange Unterhosen. Aldi ist tatsächlich ein Unternehmen der Lebensmittelbranche, es ist dies in höchster Vollendung. Es gibt Kaffee: der Tag kann beginnen. Und wenn wir auf einen Posten Schlafanzüge stoßen (mit Bündchen für Sie und Ihn), wissen wir: so mag der Tag dann enden; waschbar bis 40°.

Aldis Lebensmittel berücksichtigen das ganze Leben, dann und wann gibt es auch Fernseher. PC's. Drucker. Nur schnell muß man sein. »Bitte beachten Sie«, warnen Aldis Anzeigen, wenn etwa das flauschig-weiche, hohe Saugfähigkeit verheißende Saunatuch abgebildet ist, auf welches, es nimmt uns den Atem, das Wort *Sauna* gestickt ist, »diese Artikel haben wir nur vorübergehend im Sortiment.«

Nur die Fixesten haben eine Chance. Heute auf einem Sondertisch bei Aldi, morgen in den Haushalten der Republik: Scheren-Set, 4-teilig, »unentbehrlich«. Eben. Aldi, müssen wir konstatieren, das ist die »Lebensmittelbranche« in ihrer reinsten Prägung.

4. Spaghetti mit Zitronensauce

400 g Hartweizen-Spaghetti
(Alino)
2 Zitronen
6 EL kaltgepresstes Olivenöl,
extra vergine (Lorena)
Salz
2 Knoblauchzehen

Pfeffer aus der Mühle
8 EL geriebener Emmentaler,
oder Parmesan
1 Bund großblättrige Petersilie

Spaghetti in ausreichend Salzwasser al dente (ca. 7 Minuten) kochen. In der

Zwischenzeit 2 Zitronen auspressen und mit 6 EL Olivenöl vermischen. Knoblauchzehen hacken, leicht salzen, mit der Breitseite eines Messers zerdrücken und in die Öl-Zitronensauce geben. Mit Salz und grobem Pfeffer aus der Mühle abschmecken und langsam erwärmen. Großblättrige Petersilie waschen, zerpflücken und kleinhacken und mit der Öl-Zitronen-Mischung vermengen. Zum Schluß abgetropfte Spaghetti hinzufügen und gut vermischen. Auf Teller anrichten und üppig mit geriebenem Emmentaler oder Parmesan-Käse bestreuen.

Dazu paßt fruchtiger Grove Hill, California Cabernet Sauvignon, Vintage 1996

☞ Tip: Al dente-Probe: um die genaue Garzeit zu prüfen, genügt es, eine Nudel aus dem Wasser herauszufischen und zwischen Daumen und Zeigefinger zu nehmen. Läßt sie sich unter leichtem Druck zerteilen, hat sie den klassischen Biß. Besser als Emmentaler schmeckt in jedem Fall frisch geriebener Parmesan, der die Pasta würzt ohne zu kleben!

Summa summarum mit Wein!: 13,50 Mark

5. Tag, Donnerstag. Sag was!

Beharrlich schiebt Aldis Kundschaft ihre Einkaufswagen vor sich her; vorwärts und nichts vergessen, was wollte ich noch gleich? Mit 37 Prozent, so die »FAZ«, hat der Discounter Aldi die meisten Stammkunden im deutschen Lebensmittelhandel. Supermärkte wie Minimal oder Tengelmann bringen es dagegen auf knappe 20 Prozent.

Mit einem Ruck ist die Aldi-Tür vor uns aufgesprungen, das kennen wir nun schon, aber gewöhnt haben wir uns noch immer nicht daran. Mischgemüse, Glas für 99 Pfennig, Waschmittel, 1,5 Kilo für 5,59.

Fünf Mark 59? Tatsächlich. Für höchste Reinheit. Nachfüllpack.

Sach bloß!

Die grundlegenden Dinge werden hier gekauft (»also, ich kaufe meine Zwiebeln nur bei Aldi«). Wir sehen sogar Menschen, die ihre vollen Tüten ins schicke Auto wuchten, denn eigentlich, wollen sie uns damit sagen, wäre es doch gelacht, bei Aldi vorher *nicht* zu sparen, um sich hinterher handgemachtes italienisches Schuhwerk leisten zu können. Aldis Waschmittel macht auch sauber. Ein halbes Pfund Butter geht für 1,79 ins Rennen, da hat sich noch

kein Brot beschwert, und das sind noch keine 1,80 – will man da mosern?

Überhaupt, die Qualität. Wie oft haben Aldis Produkte die Prüfungen der Stiftung Warentest mit »Gut« und »Sehr gut« überstanden?

Ziemlich oft eigentlich.

Siehste.

Kartoffeln, ein Berg davon. Sie sind in einer mannshohen Kiste untergebracht. Wer zu spät kommt, den bestraft sie. Eine alte Dame muß sich so tief hineinbeugen, um an den letzten Rest heranzukommen, daß zwei ungezogene Kinder ungezügelt kichern. Denn die alte Dame legt ein neues Mieder frei, sicher ungewollt, doch was will sie machen? Die ungezogenen Kinder jedenfalls rühren keine Hand, um ihr zu helfen. Eine unerfreuliche Situation. Sie bessert sich entschieden, als wir den Preis der Kartoffeln erspähen. 3 Pfund sind für 1,49 zu haben, also noch nicht mal 1,50, was will man da klagen?

Heringsfilet in Joghurt-Sahnesauce mit Zwiebel- und Gurkenstückchen: 1,29 der Becher: Kannste nix sagen.

Aldi leistet sich den Luxus, nicht alles zu führen, dafür gibt es aber fast alles billiger.

Also ein Billigladen.

Nein, so kann man das nicht sagen; Aldi ist preisgünstig. Grapefruit haben sie für 49 Pfennig das Stück, das sind noch nicht mal 50! 69 Pfennige sind für ein Glas Apfelmus zu entrichten – gut für uns, schlecht für die Konkurrenz; jede Woche, so ein Branchenkenner in der »FAZ«, bringt Aldi »einen neuen Schocker auf den Markt«.

Darauf einen Birnenbrand. Er brennt für 29,90!

Donnerwetter. Den nehmen wir mit, denn Hering muß schwimmen, auch der in Joghurt-Sahnesauce. Prost Aldi!

5. Kartoffelmatte (mit Wirsinggemüse)

8 mittelgroße Kartoffeln
5 EL kaltgepreßtes Olivenöl,
extra vergine (Lorena)
Salz
frisch gemahlener schwarzer Pfeffer
1 Kopf Wirsing (750 g)
Salz

6 Scheiben luftgetrockneter Bauern-schinken (Abraham)
2 kleine Zwiebeln
50 g Süßrahmbutter

Kartoffeln schälen und mit Hilfe einer Rohkostreibe in feine Streifen (à la Julienne) schneiden. Ein wenig Öl in einer beschichteten Pfanne erhitzen. Erst wenn das Öl sehr heiß ist, die Kartoffeln hineintun. Sofort würzen und unter ständigem Hin- und Herschütteln die Kartoffeln anbraten bis sich eine zusammenhängende Kruste bildet. Warmstellen. Für das Wirsinggemüse 20 schöne Wirsingblätter aussuchen, harte Mittelrippen entfernen und Blätter in einem großen Topf mit siedendem Wasser blanchieren, abtropfen lassen und wenn möglich, sofort in Eiswasser abschrecken. Trockentupfen. Die Speckscheiben in ganz feine (2 mm) breite Streifen schneiden. Zwiebeln feinhacken. Wirsingblätter zerschneiden. But-

ter schmelzen, Speckstreifen hineingeben und gehackte Zwiebeln zufügen. Sowie die Butter schäumt, Wirsinggemüse zufügen, salzen, pfeffern, durchmischen und in 8-10 Minuten garen. Zusammen mit der Kartoffelmatte reichen.

Tip: Die Kartoffelmatte, die nichts anderes ist als eine verkappte Tortilla bzw. Berner Rösti schmeckt auch mit gedünsteten Paprika, kross-gebratenen Speckwürfeln oder Grüner Sauce.

Dazu paßt ein edel-fruchtiger Médoc wie Château La Verdasse, Cru Bourgeois, 12,5%, 1995.

Summa summarum mit Wein:
17,20 Mark

6. Tag, Freitag. Theo, Karl und Hubert

Der Einkaufszettel hat weniger die Bedeutung, daß man sich im Laden an alles erinnert. So ein Einkaufszettel diszipliniert. Brot, Kaffee, Bims und Margarine – mehr steht in seinem Fall nicht drauf. Brot – da gönnt er sich was. Aldis gutes Rosinenbrot kostet 2,79 und bleibt recht lange frisch. Feine Sache, muß nur noch Margarine drauf. Pfund Sonnenblumen-Margarine 1,29; verstreicht man sie nicht so üppig, kommt man lange hin.

Das zusatzlose Wort »Bims« auf dem Einkaufszettel weist auf den fortgeschrittenen Aldi-Kunden hin. Nicht Dings, nicht Bums, Aldis Kundschaft bimst, wenn sie putzt. Zur Produktlinie Bims gehört neben einem sparsam zu dosierenden Allesreiniger (»garantiert glänzende Sauberkeit bei halber Menge«) auch ein Essigreiniger, der dem Kalk zuleibe rückt; bims mal wieder! An des Kunden Gürtel hängt ein Schlüsselbund, der ist mit einem großen »H« verziert. Seine Frau benutzt diesen Schlüssel auch, wenn sie denn mal aus dem Haus geht. Der Mann heißt Hubert, und Huberts Frau heißt Henriette.

Früher, sagt Hubert, hat er nie bei Aldi eingekauft. Da hat er die Frau, also die Henriette, jeden Freitag zum Verbrauchermarkt gefahren, wo sie stöbern konnte. Jetzt ist die Frau krank, hat's mit den Beinen, läuft kaum noch, liegt meistens. Er selbst ist Frührentner und hat auch kein Auto mehr. Muß sich einschränken, da kommt ihm Aldi gerade recht.

Hubert ist ein Mann Mitte 50, und er hält den Einkaufszettel fest in der Hand. Bloß nicht ablenken lassen, es lauern gute Sachen. Na gut, die Hausmacher Wurstwaren »Spitzenqualität«, die kann er mitnehmen, die Nuß-Crisp-Schokolade will er sich aber verkneifen. 200 Gramm mit Haselnußstückchen für 1,99: lieber nicht. Beschwert sich nicht nur sein Geldbeutel, sondern später, wegen der Haselnußstückchen, auch sein Gebiß.

Früher hat er den Aldi ja überhaupt nicht gemocht, Ausländer, Ausländer, Ausländer! Sie schieben ihre Wagen an ihm vorbei, manchmal sitzen Kinder drauf. Sie stürzen sich auf den vakuumverpackten Kaffee, Hubert auch. 500 Gramm, filterfein gemahlen. Aldis Hit mit Namen Amaroy. Es gibt den Amaroy als Feinen und als Extra und als Schonkaffee. Es gibt ihn gar als Milde Bohne.

Früher hieß Aldis Kaffee »Albrecht Kaffee«, das hat uns viel besser gefallen. Denn nie ist Aldi so sehr mit sich im Reinen wie bei dem Aufdruck »Albrecht«. Nicht bei Bims und nicht bei Kür (Haarkur), weder bei Zeg (Gardinenwäsche) noch bei Kokett (8 Rollen). »Aldi« ist Kurzdeutsch und heißt Albrecht-Discount. Begonnen hat das alles in Essen. Da führte eine Frau Albrecht ein kleines Lebensmittelgeschäft. Nicht nur das, sie schenkte auch zwei Söhnen das sonnige Leben, Theo und Karl. Die übernahmen Mutters Laden nach dem Krieg und überzogen das Ruhrgebiet mit Filialen. Das war jedoch nur der Probelauf. 1962 wurde in Dortmund die erste Aldi-Niederlassung eröffnet; rund 3050 Albrecht-Läden sind es heute in Deutschland, mehrere hundert im Ausland. Doch gelten Karl und Theo Albrecht als die verschwiegensten Unternehmer des Landes;

Umsatzzahlen zu veröffentlichen, ist nun wirklich nicht ihr Stil. Marktforscher haben für das Jahr 1995 einen Umsatz von 28 Milliarden errechnet; mit einem Marktanteil von nahezu 50 Prozent steht Aldi im Marktsegment »Discounter« an der Spitze.

Soll er vielleicht Albrechts Milden Amaroy nehmen? Der Kunde Hubert grübelt. Ist besser für seinen empfindlichen Magen, aber auch teurer als ein Glas »ALI«, worin sich, klar, den gibt es ja auch noch, löslicher Kaffee befindet, Häufchen - in - die - Tasse - Wasser - drauf-fertig. Aber so ein Vakuumverpackter, na, der schmeckt halt doch ein wenig mehr als nach Kaffee – na gut, dann will er mal leichtsinnig sein. Er nimmt den Milden, legt ihn vorsichtig in den Wagen und stellt die Hausmacher Wurstwaren »Spitzenqualität« wieder ins Regal zurück.

6. Rote Bohnensuppe

2 kleine Büchsen Kidney-Bohnen
(Happy Harvest)
$1/2$ l klare Instant-Brühe
(Lachende Köchin)
1 Zwiebel
1 Karotte
2 EL kaltgepresstes Olivenöl,
extra verginc (Lorena)
2 EL Tomatenmark

1 Zitrone
1 TL Paprikapulver
4 Scheiben Buttertoast
2 hartgekochte Eier
Salz, Zucker
1 Stück Staudensellerie
frisch gemahlener schwarzer Pfeffer
1 Bund Petersilie
2 Knoblauchzehen

Zwiebeln schälen, Karotte und Staudensellerie putzen und alles kleinschneiden. Olivenöl erhitzen und das Gemüse anbraten. Mit Salz zerriebenen Knoblauch hinzufügen. Tomatenmark unterrühren und $1/2$ l Instant-Brühe angießen. Langsam erhitzen und Kidney-Bohnen zusetzen. Salzen, pfeffern und mit Zucker und Zitronensaft abschmecken. Toastscheiben entrinden und in feine Würfel schneiden. Petersilie und Eier kleinhacken und alles unter die Suppe heben. Langsam erhitzen, in die Teller füllen und mit etwas Petersilie dekorieren.

Tip: Zusätzliche Würzgranaten in der Suppe wie Cayenne-Pfeffer, Harissa oder frische grüne Peperoni machen scharf aber auch durstig. Also Bier lieber gleich im 6-Pack kaufen. Zum Beispiel eisgekühltes Karlskrone Edel-Pils oder Kaiser Pilsener.

Summa summarum mit Bier: 11,60 Mark

7. Tag, Samstag. Die Alditüte (1)

So ein Samstag in der City: schlimm. Als wäre es nicht schon voll genug, spazieren ein paar heitere Menschen, augenscheinlich ein Freundeskreis, Arm in Arm über die Fußgängerzone, womit sie uns Passanten den Weg versperren. Wirklich schlimm. Richtig in Fahrt kommen diese Leute aber, als sie ein bekanntes Gesicht erspähen. Mitten in der Menge; da, guck! Arme rudern, Schreie gellen, Hallo, der Kollege B.!

Trench und Jeans und gute Schuhe

schmücken, unter anderem, den Kollegen B.: tadellos. Doch etwas irritiert. Mit der rechten Hand winkt er. In der Linken hält er – eine Aldítüte.

Ganz schlimm!

Nun gibt es im Gewühl der Innenstadt ja eine Menge Tüten zu bestaunen. Bis zu fünfzig Pfennig muß man dafür zahlen, um als Werbeträger durch die Stadt zu laufen. »Gut ist uns nicht gut genug« ist auf manchen Tüten zu lesen; da guckt man ihren Trägern ins Gesicht und sagt sich still, das is' ja doll. Andere Unternehmen setzen auf angewandte Pädagogik und machen den Tütenträger zum wandelnden Botschafter: »Tragetaschen mehrmals verwenden hilft sparen... Wir danken!«

Keine Ursache.

Auf Aldis Tüten steht »Aldi« drauf, sonst nichts. Eine Komposition in Blau und Orange. Der Freundeskreis scharrt mit den Füßen. Kollege B., der Aldítütenträger, kratzt sich am Kopf. Was ist

geschehen? Die Aldítüte ist keine gewöhnliche Tüte. Sind die tragbaren Behältnisse von Karstadt, Edeka und Tengelmann halt Plastiktüten, so bleibt die Aldítüte Aldítüte. Sie verschafft ihrem Träger nicht unbedingt Prestige. An den Blicken des lustigen Freundeskreises ist das zweifelsohne abzulesen; so schlecht verdient Kollege B. doch gar nicht.

Hatter Schulden?

Schlimmeres gar?

Isser spielsüchtig am Ende?

Isser *überhaupt* am Ende?

Die Aldítüte suggeriert auf einleuchtende Weise: Ihr Träger hat bei Aldi eingekauft. Das ist nicht unverdächtig, denn vom Aldítütenträger existiert ein fest umrissenes Bild. Der Volksmund, ein freches Maul, nennt die Aldítüte Türkenkoffer. Häufig spricht ihr Träger also türkisch und trägt ein Kopftuch, falls weiblich *und* türkisch; manchmal kommt ja beides zusammen. Falls deutsch, trägt er seinen ganzen Hausrat und ein bißchen Fusel in der Tüte herum. Viele Menschen, die nicht türkisch sprechen und auch einen Wohnsitz haben, verstecken ihre Aldifüte in einer Tragetasche von Hugo Boss.

Kollege B. riskiert ein Lächeln und behauptet, ja also, bei Aldi, da hätten sie gerade Kinohits auf Video, also ein Sonderposten. Zum Beispiel, ähem, *Das Rußland Haus* mit Michelle Pfeiffer! 9 Mark 98 das Stück. Also nicht Michelle Pfeiffer, sondern das Video. *Ghost Busters II* zum gleichen Preis, da wäre man doch blöd!

Ja, nickt einer aus dem Freundeskreis, das ist schon fast geschenkt, aber ob diese Videos auch *laufen* ? Kollege B. kramt derweil in der Aldifüte und zaubert eine Flasche Olivenöl hervor. Ohne dieses Öl, behauptet er, koche er nichts, brate er nichts, dressiere er nichts.

Der Freundeskreis, er stutzt. *Was* tut er nicht ohne das Öl?

Er bereite, erläutert Kollege B., ohne Aldis Olivenöl kein einziges Salat-Dressing zu. Bloß mit *diesem* Öl. Er nickt, ein Aldifütenträger, der weiß, was er tut. Denn es wertet – man beachte die Dialektik – die Aldifüte ob ihres ominösen Rufes ihren Träger wieder auf. Unzählige Mitbürgerinnen und Mitbürger haben einmal im Leben in einer edlen Boutique eingekauft, im Delikatessenladen oder bei einer ähnlich feinen Adresse. Die Tüte, die sie dort erhielten, haben sie aufgehoben, immer wieder abgestaubt, gebügelt und geschont und tragen sie wie ein Fanal mit sich herum. Manchmal ist ein Wurstbrot drin, bisweilen auch ein Häppchen für den Hund. Der Aldifütenträger, der immer und überall zu seiner Tüte steht, hat das kaum nötig. Sein Ego braucht keinen edlen Schriftzug, es verträgt die Farben Blau und Orange.

Heiter schwingt Kollege B. die Alditüte. Jawohl, an diesem Samstagmittag in der City hat er sein Coming Out ge-

29

habt. War eigentlich ganz leicht. Jetzt muß er es nur noch seinen Eltern sagen.

7. Tortelloni mit Broccoli

500 g Tortelloni (Pasta Baroni mit Rind- und Schweinefleischfüllung)
500 g Broccoli
Salz
$1/4$ l klare Instantbrühe (Dr. Lange)
2 EL Weizenmehl (Sonnenstrahl), Type 405
2 EL Süßrahmbutter
200 g Doppelrahm-Frischkäse mit Kräutern (Almbacher)
1 Eigelb
1 EL Zitronensaft
3 EL Schmand (rote Kuh)
weißer Pfeffer
200 g geriebener Emmentaler Käse (Allgäuländer), oder *Parmesan*

Tortelloni im Salzwasser nach Vorschrift garziehen lassen. Warmstellen. In der Zwischenzeit Broccoliröschen in $1/4$ l kochender Instantbrühe etwa 5-7 Minuten blanchieren. Broccoliröschen beiseite stellen. In der Zwischenzeit Butter im Topf erhitzen und das Mehl darin anschwitzen. Die Broccolibrühe angießen, aufkochen und weitere 5 Minuten köcheln lassen. Den Frischkäse vorsichtig unter die heiße Brühe geben. Das Eigelb mit dem Schmand verrühren und einrühren, aber nicht mehr aufkochen lassen. Mit Salz, Pfeffer und Zitronensaft abschmecken. Broccoli hineingeben, umrühren und über die angerichteten Tortelloni geben. Mit Emmentaler Käse, besser Parmesan bestreuen.

👆 Tip: Tortelloni lassen sich auf die Schnelle auch mit einer Zitronensauce lecker anrichten (siehe Spaghetti mit Zitronensauce).

Dazu paßt trockener Chardonnay, Bourgogne Blanc A.C., 12,5%, 1996 oder kräftiger Chianti Classico, DOCG.

Summa summarum mit Wein: 19,20 Mark

8. Tag, Sonntag. Was muß, das muß

Frau Bleibtreu ist gekommen und hat ihren Gatten mitgebracht. Der ist stellvertretender Sales-Product-Manager. Zweiter Bildungsweg, aber immerhin. Pia ist da, Klaus und Lotte auch. Beide sehr angespannt im beruflichen Leben. Wir haben Mozart im CD-Player und bunte Sparbrötchen auf dem Tisch, doch das sagen wir so nicht. Wir präsentieren ein leichtes, bekömmliches Mahl.

»Vorzüglich«, sagt Frau Bleibtreu. Nun ja, wir haben kleine Brötchen ge-

backen und sie kreativ belegt. Leckermaul Lotte schmeckt auch prompt den Räucherlachs heraus, den wir feinsinnig feingehackt und zu den übrigen Zutaten gemixt haben.

»Sehr kreativ«, lobt Klaus. »Der Lachs war sicher unverschämt teuer, nicht?«

Och, sagen wir.

Herr Bleibtreu erzählt, wie schwer es war, Karten für die 3 Tenöre zu bekommen.

»Also, der Pavarotti bringt es doch wirklich nicht mehr«, findet Klaus. Es steckt noch etwas anderes in unserem Brötchenbelag. Pia versucht es zu ergründen. Ihre Augen sind geschlossen.

»Frischkäse«, helfen wir.

Ja natüüürlich! Und das Dörrfleisch, also – Lotte verschluckt sich fast – das ist doch sicher aus der Rhön, nicht? Oder war's der Odenwald? Jedenfalls, Klaus und sie, also, sie fahren ja alle drei Wochen oder so aufs Land. Da gibt's einen deftigen Bauern, da holen sie alles frisch. Man muß ja aufpassen heutzutage.

Oh ja, das muß man.

»So ein aparter Hauch liegt über dem Ganzen -«

Eine Spur Zitronensaft, helfen wir. Und ein wenig Olivenöl.

Die Bleibtreus fahren einmal im Jahr in die Toskana, um das gute Öl eigenhändig zu importieren. Was sein muß, muß sein, nicht wahr? Heutzutage wird man doch veräppelt und verkohlt, paßt man nicht höllisch auf. Frau Bleibtreu ist auch letztens mit einem nachgeäfften Calvin Klein-Slip so fürchterlich hereingefallen, aber das ist eine andere Geschichte. Jedenfalls, dieser superbe Wein hier -

Pinot Grigio.

Selbstredend. Dieser Nachhall auf der Zunge, reine Poesie.

Von Aldi.

Als der herbeigerufene Notarzt Frau Bleibtreus Luftröhre mit einem geschickten Griff, wie man ihn im übrigen in jedem Erste-Hilfe-Seminar lernen kann, wieder freigeschaufelt hatte, haben wir unseren Gästen gesteckt, daß auch unser Essen ein Aldi-Essen war.

Sie leben noch. Aber sie sprechen nicht mehr mit uns.

8. Bunte Sparbrötchen (mit verschiedenen Belägen)

16 Baguette Brötchen zum Fertigbacken
oder jeweils 4 Laugen-, Mehrkorn-,
Elsäßer- oder Tafelbrötchen
300 g Frischkäse Doppelrahmstufe
(Almbecher)
200 g Skandinavischer Räucherlachs
in Scheiben
300 g Gelderländer Delikateß-
Bauchspeck, mager
3 große reife Avocados
10 frische Eier
2 kleine Zwiebeln
250 g Butter
1 Zitrone
Olivenöl, extra vergine (Lorena)
Salz
Dill

Schnittlauch
Rucola
großblättrige Petersilie
Pfeffer, schwarz und weiß

Pro Person 4 Brötchen halbieren und
dünn mit Butter bestreichen.

Für die Beläge:
Räucherlachs zu Tartar feinhacken. Eine kleingehackte Zwiebel und 100 g
Frischkäse dazugeben und mit einer
Gabel gut vermengen. Mit etwas frisch
gemahlenem, weißen Pfeffer abschmekken. Für die Garnitur: Dill waschen
und fein hacken.

Dörrfleisch (gut gekühlt) in feine

Würfel schneiden und portionsweise schnell im Mixer zu einer Farce verarbeiten. (Gut eignet sich auch eine alte, elektrische Gewürzmühle). Eine fein geschnittene Zwiebel untermengen. Mit frisch gemahlenem schwarzen Pfeffer abschmecken. Für die Garnitur: Rucolablätter waschen und grob hacken.

Avocadofleisch auslösen und mit einer Gabel fein zerdrücken. Mit wenig Olivenöl, etwas Zitronensaft, Salz und frisch gemahlenem schwarzen Pfeffer abschmecken und mit 100 g Frischkäse verrühren.

Von 10 hartgekochten Eiern (8 Minuten) Eigelb auslösen, mit der Gabel zerdrücken, salzen und mit rotem Paprika würzen. Mit 100 g Frischkäse vermengen. Für die Garnitur: großblättrige Petersilie kleinhacken.

Abwechselnd die gebutterten Brötchenhälften mit Lachs-, Dörrfleisch-, Avocado- und Eierfarce bestreichen und garnieren.

Tip: Alle Zutaten können verdoppelt und verdreifacht werden, wenn mehr Gäste kommen. Bei Fertigback-Brötchen (12 Min. bei 220 Grad) immer eine Schale Wasser mit in die Backröhre geben, damit die Brötchen so richtig knackig braun werden.

Dazu passen trockene Weißweine wie Grüner Veltliner, trocken, 1996, Pinot Grigio, 1996 oder fruchtige Rotweine wie Rioja, Viña Lombas, Cosecha 1996.

Summa summarum mit Wein: 36,30 Mark

9. Tag, Montag. Die beste Ölung

Aldis Olivenöl heißt »Lorena« und bekam als Urteil der »Stiftung Warentest« ein sattes »Sehr gut«. Und nun steht da ein Pärchen, von dem wir sogleich vermuten, daß es nicht zur Stammkundschaft zählt. Ein bißchen overdressed. Ein bißchen ahnungslos. Das Öl soll ja ziemlich gut sein. Das Öl wollen plötzlich alle. Doch zuerst, wo sie schon mal hier sind, die Nudeln. Gerade ist *er* aus Aldis Tiefen zu seiner Begleiterin zurückgekehrt. Sollte Spaghetti holen und hat sich dran gehalten. Gleichwohl fragt *sie:* »Was ist das denn?«

»Spaghetti«, sagt er keck.

Sie guckt ihn böse an. An Barilla hatte sie gedacht, lang und dünn und blau verpackt; Steffi Graf hatte was mit denen. Haben sie hier aber nicht, auch nicht Birkel mit Ei. Aldi ist nämlich, wir haben es schon angedeutet, ein wenig exklusiv, führt Marken unter eigener Flagge, und die sind dann halt nicht überall zu haben. Mit dem Kaffee ist das so und mit manchen Nudeln auch. Nun gut, was aber ist mit dem Olivenöl?

»Die Qualität Extra natives Olivenöl wird nur aus gut gereiften, ausgelesenen Oliven hergestellt«, informiert in eigenwilligem Deutsch das Etikett, und wem das nicht reicht: »Dieses Öl cignet sich vorzüglich zum Kochen, Braten, Grillen und Anrichten von Salaten«.

Gekochte, gebratene, gegrillte Salate? Nein, die weibliche Beziehungshälfte hat eine gute Carbonara-Sauce im Sinn und legt das extra native Olivenöl zu den Spaghetti in den Wagen.

Nun schlägt *seine* Stunde: »Für Carbonara?« japst er empört. »Du willst Carbonara mit *Öl* machen?«

Wortlos gibt sie ihrem Wagen einen Ruck. Das ist ein Fehler. So einen Wagen sollte man mit ruhiger Hand und klarem Kopf bewegen, niemals inmitten eines sich anbahnenden Beziehungsknatsches.

»Passe Se doch *uff!*« Ein alter Mann betastet sein Schienbein; wird blaue Flecken geben. »Eine Unverschämtheit is' des!«

Gerade will sie sich entschuldigen, da kräht der Spatz an ihrer Seite: »Da kommt Sahne rein! Carbonara ist eine Sahnesauce!«

Bockig sagt sie: »Und Olivenöl!«

»Nie im Leben!« Den armen Alten lassen sie stehen.

»Bei Lagerung unter 7° C«, informiert uns Lorenas extra natives Etikett, »kann sich eine Eintrübung ergeben«.

Unterhalb der Raumtemperatur angekommen, ist inzwischen auch die Stimmung des jungen Paares arg getrübt. »Das ist ein normaler Vorgang«, belehrt das Etikett, und von einem Öl, das so weise ist, können ruhig zwei Spritzer in die Carbonara-Sauce.

Und zweifelsohne Schinken. Wo ist der Schinken? *Sie* preßt die Lippen aufeinander, *er* kaut bockig seine Fingernägel durch.

»Hast du den Schinken gesehen?« fragt sie.

»Da kommt Speck rein«, mosert er. »Kein Schinken.«

Ihn scheinbar ignorierend, schiebt sie den Wagen an ihm vorbei, dann dreht sie sich noch einmal um: »Schinken, du Ei!«

Eier sowieso nicht. Keine Eier! *Nicht* in die Carbonara-Sauce.

»Ein bißchen Eigelb«, befindet sie stur. »Guck mal, wie die Eier hier umgeschlagen werden.«

Er sieht es nicht.

»Bloß noch sechs Stück da. Also, Eier, die so rasant weggehen, müssen einfach immer frisch sein.«

Er blinzelt. Die Eier bewegen sich nicht. Darum sieht er auch ihr Strahlen nicht, diesen heiteren Gesichtsausdruck im Hinblick auf ein salmonellenfreies Leben. Ganz beschwingt gibt sie ihrem Wagen den letzten Ruck in Richtung Kasse.

»Also *ich* eß das nicht«, sagt er zickig.

9. Champagner-Risotto mit Spargel

500 g grüner Spargel
eine Prise Zucker
3 EL kaltgepresstes Olivenöl,
extra vergine (Lorena)
1 kleine Zwiebel
280 g *Risotto-Reis* (pro Person 70 g)
oder Milchreis
1 l klare Instant-Brühe
1 Wasserglas Champagner
(Vve. Monsigny Brut)
1 großes Stück Süßrahmbutter

6 EL geriebener *Parmesan*
oder Emmentaler

Spargel waschen und das untere Drittel dünn schälen. Die Köpfe abschneiden und die Stangen in mundgerechte Stücke schneiden. Spargelstücke in 5 EL Wasser mit einer Prise Zucker, etwas Butter und Salz in ca. 12 Minuten auf kleiner Flamme gardünsten. Spargelwasser aufheben.

Zwiebel schälen und würfeln. In einem breiten Topf oder einer großen Pfanne Olivenöl heißmachen und die gewürfelte Zwiebel andünsten. Reis dazugeben und unter Wenden glasig dünsten. Mit Champagner ablöschen und unter Rühren (am besten mit einem Holzspatel) verdunsten lassen. Nach und nach klare Brühe unter Zusatz des Spargelwassers angießen, Flüssigkeit jeweils unter Rühren verdunsten, aber nicht anbrennen lassen. Kurz bevor der Reis gar ist (ca. 15 Minuten), Spargel noch weitere 5 Minuten weitergaren. Von der Herdplatte nehmen, Butter und die Hälfte des geriebenen Käses dazu geben. Mit Salz abschmecken und den Rest Käse separat reichen.

Tip: Anstelle von Spargel lassen sich vor allem frische Kräuter wie *Rosmarin, Petersilie, Schnittlauch,* aber auch *getrocknete Pilze* (vorher einweichen) und Gemüsereste wie frischer Broccoli, Fenchel, Erbsen oder Tomaten als Geschmacksträger zusammen mit dem Reis garen.

Dazu paßt aus naheliegendem Grund gut gekühlter Champagner wie Vve. Monsigny Brut oder trockener Bourgogne Blanc, Appellation Bourgogne Controlée, 12,5 %, 1996.

Summa summarum mit Champagner: 23,80 Mark

10. Tag, Dienstag. Helga, hol die Milch!

Öl braucht der Mensch, auch Olivenöl. Olivenöl ist gesund. Braucht der Mensch eine Saftrinne?

Doch, doch, findet Frau Zuber. Durchaus. Der Gatte, Herr Zuber, ist anderer Meinung. »Komm schon, Helga, brauchste net!«

Aber ja doch. Helga läßt sich nicht beirren. Von *ihm*, Zuber, ihrem Gatten Paul, schon ganz und gar nicht. Was mosert er? Steht rum, weiß alles besser, schiebt noch nicht einmal den Wagen. Hätte den Sonderposten Schneidebretter mit Saftrinne noch nicht einmal *gesehen*. Da liegt er aber, 2er Set, 9,98, und so einen Sonderposten kann man doch nicht liegen lassen. Wer weiß, wofür's

gut ist; so ein Schneidebrett mit Saftrinne ist nicht zu verachten. Unzerbrechlich und geschmacksneutral.

Paul Zuber will es nicht recht einsehen. »Wenn de meinst.«

»Ja, mein' ich.«

Damit nicht genug. Es gibt noch einen Sonderposten Sweatshirts für Damen und Herren, »mit überwiegendem Baumwollanteil, in modischer Vielfalt.« 22,90. Helga Zuber greift zu, eine Frau in den besten Jahren. Einmal M für sich, einmal XXL für den Gatten.

»Des zieh ich net an«, sagt Herr Zuber. Auch er befindet sich in den besten Jahren.

»Für daheim«, schlägt sie vor.

»Blödsinn. Da steht was druff. Ich zieh nix an, wo was druffsteht.«

Nun ja, es ist ein Wörtchen aufgedruckt, wie das bei Sweatshirts halt so ist. »Style« steht drauf, auf Brusthöhe. Will er nicht. Hat schon Stil. Braucht es nicht noch extra zu verkünden. Helga aber rechnet vor: In der Stadt kosten diese Dinger 69,90. Hat der Sohn doch letztens mitgebracht, 69,90, ungelogen! Wenn sie die bei Aldi für 22,90 kauft, hat sie 47 Mark gespart. Pro Stück gespart! *So* muß er das sehen!

Gatte Zuber sieht das aber anders. »Was brauche mir so Zeuch? Des is für junge Leut'. Des steht uns net.«

»Für daheim«, wiederholt seine Helga. »Mußt ja net in die Kirch damit.«

»Ich geh damit nirgendwo hin.«

»Sag ich doch. Für daheim.«

Was gibt es noch? Rüde knallt der Gatte ihr ein paar Grundnahrungsmittel in den Wagen, Brot und Mehl und Nudeln, *aus diesem Grunde* sind sie hier!

Ja, aber die Zeitschaltuhr! Jetzt guck, die is' ja wirklich doll.

Zeitschaltuhr? Wieso weshalb weswegen – heftiger als man das tun sollte, schmeißt der Paul der Helga eine Büchse Champignons in den Wagen (1. Wahl, 1,49).

17,98! Eine Zeitschaltuhr! Das ist doch fast geschenkt! Guck mal, was da steht: »28 Schaltvorgänge, bis zu 14 Ein- und Ausschaltungen pro Woche!«

Wo ist der Witz? Paul Zuber kann einen Schaltvorgang noch immer selbst ausführen. »Ich werd doch wohl'n Knopp drücke könne! Was brauch ich da'n Apparat für!«

»Das ist doch für die Einbrecher. Programmierste, geht nachts das Licht an und geht wieder aus.« Kluge Sache, fast geschenkt. Mit Schwung landet die Zeitschaltuhr im Wagen.

Er knallt noch Joghurt obendrauf. Kluge Sache? Kann er nachts aufstehen, schaltet das Licht in Handarbeit an und wieder aus, kommen die Einbrecher auch nicht. »Helga, hol die Milch!«

Milch? Von wegen. Hier: »Halogen-Deckenleuchte in Bogenform«! 59,90. Das wär doch was für'n Flur.

Nein, findet Paul, das is' für die Katz!

10. Chili con Carne

500 g Kalbsbrust gewürfelt ohne Knochen oder Rinderhackfleisch vom Metzger des Vertrauens

1 EL Paprikapulver
1 TL Chilipulver oder Harissa

4 EL kaltgepresstes Olivenöl, extra vergine (Lorena)
20 g Süßrahmbutter
500 g frische Tomaten oder 2 kleine Dosen geschälte Tomaten
1 große oder zwei kleine Zwiebeln
1,5 l Instant-Brühe (Lachende Köchin)
3 Paprikaschoten (rot, grün, gelb)
2 kleine Büchsen Rote Kidney-Bohnen (Happy Harvest)
1 TL Salz

In einem großen Topf Öl und Butter erhitzen und Fleischstücke oder Hackfleisch darin scharf anbraten. Knoblauchzehe und Zwiebeln schälen, feinhacken und mitbraten. In der Zwischenzeit die Tomaten mit kochendem Wasser übergießen, Haut und Stielansätze entfernen, würfeln und mitschmoren lassen. Die heiße Fleischbrühe zusetzen und bei kleiner Flamme 1,5 Stunden auf etwa $1/4$ der Flüssigkeit reduzieren. Die abgetropften Kidney-Bohnen zusetzen und alles kräftig mit Salz, edelsüßem Paprika und Chili abschmecken. Die Paprikaschoten waschen, halbieren, Kerne entfernen und in schmale Streifen schneiden. Unter das Chili heben und alles noch einmal kurz aufkochen lassen. Stangenweißbrot schneiden und zum Chili servieren.

Tip: Metzgerei schon geschlossen? Kein Problem. Die Spar-Version mit gewürfeltem und angebratenem Bauchspeck (Gelderländer Delikateß-Bauchspeck) schont den Geldbeutel und

mundet ebenso. Außerdem wirkt anstelle von Chilipulver auch Harissa (beim Gewürzhändler besorgen) wahre Würzwunder. Es wird aus aus kleinen Pfefferschoten unter Zusatz von Knoblauch, Koriander, Kumin und Salz hergestellt und schmeckt wunderbar. Nur: Vorsicht beim Dosieren! Zuviel treibt Wasser in die Augen.

Dazu paßt: Gut gekühltes Karlskrone Edel-Pils im 6-Pack oder Kaiser Pilsener Bier.

Summa summarum mit Bier : 21,50 Mark

11. Tag, Mittwoch. Das Nord-Süd-Gefälle

Hin und wieder begegnen uns rüde Mitbürger, die sich keinen Deut um Etikette scheren. Zwei junge Menschen, männlich, mit schiefen Kappen auf den Köpfen, betreten streitend eine kleine Aldi-Filiale. Als hätten sie den Laden eigens in der Absicht betreten, ihren Zwist vor Publikum auszutragen, ruft der eine, sie müßten hin (»du Arsch«), während der andere meint, sie müßten nicht (»du Sack«). Vor dem Süßwaren-Sortiment erwägen sie das Für und Wider, drei Schritte weiter, angesichts der Milchprodukte, das Pro und das Contra. Gingen sie jetzt hin, und zwar in die Schule, müßten sie sich erstens ziemlich beeilen und sich zweitens auch noch anscheißen lassen, die halbe letzte Woche ebenfalls geschwänzt zu haben.

Dann lassen sie es doch lieber ganz sein, ne? Mach blau, Mann.

Schwachsinn! Gehen sie *nicht*, können sie sich auf was gefaßt machen. Gibt dann Riesenstreß, oh Herr.

Ach, leck mich.

Selber, du Furz!

So geht das eine Weile, in deren Verlauf sie diskutierend hin und herwandern, bis sich die entscheidende Frage stellt: Wo isses Bier?

Ja, wo isses? Als sie es gefunden haben, schreien sie entfesselt durch die Gegend, daß sie es gefunden hätten und daß es *hier* is', 's Bier, und jetzt gucke mal, *das soll Bier sein?*

Klar ist das Bier, du F . . .

Du W . . .

Eine unerfreuliche Situation. Was kann das Bier dafür? Aldis Abfüllung ist nicht gerade jener Gerstensaft, mit dessen Hilfe hübsche Menschen durchs Werbefernsehen tanzen. Aldis Bier ist Bier, nichts weiter, namenlos, eine graue Maus in Dosen. Macht aber auch besoffen.

Doch während die beiden jungen Mitbürger noch anschaulich disputieren, fallen uns plötzlich die Gebrüder Albrecht ein, Theo und Karl. Die Aldis. Oft schon haben wir uns gefragt, ob zwischen ihnen alles in Ordnung ist. Oder haben sie etwa eine ähnliche Beziehung zueinander wie jene jüngeren Biertrinker, die wir belauschen?

Tatsache ist, daß sie nicht gemeinsam herrschen. Während Theo über die Filialen im Norden des Landes gebietet, lenkt Karl die Aldi-Geschicke des Südens. Das ist noch kein Grund, einen brüderlichen Zwist zu vermuten, vielmehr ist das ziemlich clever. Durch die Aufteilung ihres Unternehmens nicht nur in eine Süd- und eine Nordgruppe, sondern darüber hinaus noch in regionale Gesellschaften, gilt Aldi nicht als Konzern. Eine Bilanz muß daher nicht veröffentlicht werden.

Das ist die geschäftliche Seite. Auf der persönlichen vermuten wir Unstimmigkeiten. Das Logo variiert, zeigt mehr Orange im Süden und ist etwas blauer im Norden. Karl scheint Nichtraucher zu sein, in Aldis Süden gibt es keine Zigaretten. Im Norden hingegen dealt Theo ungerührt mit der Alltagsdroge. Überhaupt gibt es im Norden eine Menge mehr zu kaufen, Tiefkühlprodukte etwa, im Süden heiß ersehnt. Der Albrecht des Südens, Karl, besteht auf einem Sortiment von präzise 450

Artikeln (ohne Sonderposten) und ist überhaupt ein ziemlicher Pedant. Obst und Gemüse belaufen sich auf 20 Produkte, und wenn er 20 sagt, meint Karl nicht 21. Theo, dessen Entführung 1971 Schlagzeilen machte, scheint das Leben gelassener zu nehmen; büschen mehr darf's schon sein.

Bisweilen scheinen beide Brüder sich auch zu sagen: Das Zeug heißt so, wie *ich* es will! Bei der Taufe einer Körperpflegeserie etwa wird man auf keinen grünen Zweig gekommen sein. »Olana« hieß die Body Lotion im Süden, während dieselben Ingredienzen im Norden als »Eldana« unters Volk kamen.

All das tangiert die beiden jungen Kunden hier aber nur peripher, die noch immer herzhaft streiten, ob Aldis Bier die volle Dröhnung gibt oder nicht. Mal angenommen, sie machen blau für nichts? Hängen herum, trinken das Zeug und nichts passiert?

Oh, leck mich.
Uiuiui.

Dann kannste alles vergessen.
Genau.

11. Hamburger Royal

500 g Lammhackfleisch vom Metzger
des Vertrauens
1 Zwiebel
200 g magerer Bauchspeck (Gelderländer Delikateß Bauchspeck)
1 Bd. großblättrige Petersilie
2 frische Eier (Gewichtsklasse 4)
2 EL Senf
weißer Pfeffer
Salz
4 EL kaltgepresstes Olivenöl,
extra vergine (Lorena)
1 EL Chilli-Powder
1 EL Weinbrand (z.B. Comté de
St. Maurice, Fine Brandy)
4 Mehrkornbrötchen

Remouladensauce, Ketchup,
Mayonnaise (Fertigprodukte von Kim)
8 Salatblätter
8 Tomatenscheiben
8 Zwiebelringe

Lammhackfleisch mit Zwiebel- und
Speckwürfeln, kleingehackter Petersilie,
Eiern, Pfeffer, Chilli-Powder und Senf
zu einer kompakten Masse verarbeiten.
Mit Weinbrand würzen und mit feuchten Händen jeweils 4 Frikadellen formen. Im heißen Öl von beiden Seiten
scharf anbraten. Brötchen halbieren,
toasten und mit Remoulade bestreichen. Frikadelle auf je 2 Salatblätter

und Tomatenscheiben legen, mit Zwiebelringen garnieren. Nach Lust und Laune mit Tomaten-Ketchup und Mayonnaise würzen und getoasteten Brötchendeckel auflegen.

Tip: Falls die Lammfrikadellen-Masse zu feucht gerät, 2-4 EL Semmelbrösel unterrühren, damit die Klopse auch in der Pfanne ihre Form wahren.

Dazu paßt: Büchsenbier von Karlskrone (Edel-Pils).

Summa summarum mit Bier: 18,20 Mark

12. Tag, Donnerstag. Ist dem Paul egal!

»Essig«, sagt Frau Zuber.

Essig?

Genau. So schwungvoll wie ungebeten entnimmt sie unserem Wagen den Allzweckreiniger und legt ihn in seine Kiste zurück.

Nun gibt es hilfsbereite Menschen, zweifellos. Häufig trifft man sie in einem Aldi-Laden. Zum Beispiel Helga Zuber. »Die Wanne!« sagt sie nachdrücklich.

Die Wanne.

Richtig, die Badewanne. Es gibt ja Leut, die sprühen. Verwenden so ein Spray, besprühen die Wanne, zählen bis zehn, duschen alles wieder weg, und die Wanne glänzt.

Faul wie die Nacht! Glänzt es auch, so muß es doch nicht sauber sein, man bedenke die Bakterien! Bakterien sind tückisch, die lassen sich doch nicht einfach abduschen, die gehören schon ordentlich geschrubbt, also gescheuert. Mit einem Lappen und mit Körperkraft.

Das stimmt, finden wir.

Und mit Essig! erklärt Frau Zuber. Essig setzt den Bakterien zu, Essig frißt den Kalk.

»Riecht«, geben wir zu bedenken.

Gibt ja Mundschutz. Hauptsache sauber, also hygienisch rein. Sie legt uns einen Essigreiniger in den Wagen. Da erspähen wir ein von der Decke baumelndes Schild: »Jeder Artikel, den Sie bei uns kaufen, ist mit der umfassendsten Garantie ausgestattet, die denkbar ist.«

Denkbar ist alles, also auch, daß so ein Essigreiniger uns die Bakterien vom Halse hält. Wird er das tun? Doch Aldi meint etwas ganz anderes mit diesem Schild, Aldi weist damit dezent auf seine Unerbittlichkeit hin. Wir können ganz sicher sein: sollten Dämpfe dieses Essigreinigers uns vergiften, wird er so-

fort aus dem Programm genommen. Anders formuliert: Heute eine kleine Salmonelle in der Wurst, morgen bettlägerig, übermorgen und für immer ist diese Wurst aus Aldis Sortiment verschwunden. Bloß nicht anecken; wie oft schon hat man Artikel aus dem Programm genommen, schlich sich auch nur der Hauch einer Beanstandung ein?

Eigentlich immer. Raus mit dem Zeug! Raus aber nicht nur, wenn etwas faul ist, da kennen Karl und Theo nix. Raus damit, wenn es nicht *geht*; da ist mancher Lieferant schon auf der Strecke geblieben. In St. Louis, USA, mußte ein deutsches Kulturgut daran glauben: Gummibärchen. Zwar haben sich die Amerikaner daran gewöhnt, daß die Brüder Albrecht mit ihren Kartons bis zu ihnen vorgedrungen sind, doch beißen sie nicht in alles hinein. Beispielsweise lustlos in die Gummibärchen, zumindest in St. Louis. Da fackelten die Albrechts nicht lange: keine Gummibärchen mehr in St. Louis, USA.

Aber wenigstens Essig in Deutschland – ja und nein. Womit wir wieder bei Frau Zuber wären. Bedauern liegt in ihrem Blick, jetzt kommen wir nämlich vom Essig als Putz- zum Essig als Lebensmittel. Seit sie denken konnte, zog es Helga Zuber die Schuhe aus, wenn sie mit Essig würzte. Sie vertrug das nicht: die Galle. Doch was ihr Mann ist, der Herr Zuber, dem war das egal. Dem Paul. Der hat darauf bestanden. Essig in den Salat, Essig in die Linsensuppe. Was kümmerte Paul Zuber die Galle seiner Gattin Helga? Er schert sich ja auch nicht darum, wenn sie manches Mal am Abend nett weggehen möchte, ins Kino vielleicht und dann ins Restaurant. Sieht er nicht ein. Alle Kinofilme kommen ins Fernsehen, sagt er, und Essen ist zu Hause viel billiger. Braucht er auch den Anzug nicht

anzuziehen. Dabei fällt ihr manches Mal die Decke auf den Kopf, es ist so still. Liefe der Fernseher nicht, sie würde sich an den Kopf greifen. Er, der Paul, der sagt ja nichts. Kriegt das Maul kaum auf, der Kerl. Zumindest nicht zu Hause.

Jedenfalls: Seit sie bei Aldi diesen Essig gefunden hat, macht ihr die Galle keinen Kummer mehr. Der Mann natürlich immer noch, aber die Galle kommt mit dem Aldi-Essig prima zurecht, und zwar *ausschließlich* mit diesem Essig. Der *heißt* auch schon so, daß man ihn schier vertragen *muß:* Aceto Balsamico, also Balsamessig. Tadellos. Ganz feiner Geschmack. Dunkelbraun, das Zeug, darf man sich nicht irritieren lassen. Selbst der Kartoffelsalat sah bräunlich aus, doch nie im Leben hat sie besseren Kartoffelsalat gegessen. Gibt's woanders auch, den Balsamico, aber nicht so erschwinglich.

Da läuft uns doch gleich das Wasser

– »Pech«, sagt Helga Zuber. Zur Zeit gibt es ihn nicht. Jedenfalls nicht bei Aldi.

Hat sich da am Ende eine kleine Beanstandung –

Nie und nimmer! Sonderposten! Frau Zuber zeigt uns einen Vogel: Essig! Sonderposten! Was die sich so denken. Für jeden Sonderposten gelbe Unterhosen hätte sie Verständnis, das ist ja was für eine kleine Minderheit, aber Essig? Jetzt guckt sie jedesmal, ob er wieder da ist, der gute Balsamico, aber der *kommt und kommt* nicht rein. Ein-, zweimal im Jahr, öfter nicht. Na ja, wartet sie eben. Muß die Galle sich gedulden. Dem Mann ist es ja egal, der verträgt jeden Essig. Vor lauter Empörung hat Frau Zuber letztens so ein Radio gekauft, war halt auch ein Sonderposten. Konnte sie doch nicht stehen lassen: Radio-Recorder, so einer wie die Buben ihn durch die Stadt tragen, so ein lautes Ding. 49,90, ein Jahr Garantie. Bis der kaputt geht, ist vielleicht auch Aldis Essig wieder da.

12. Quiche Lorraine (mit Salat)

200 g Weizenmehl (Sonnenstrahl), Type 405
1 Ei
Salz
100 g Butter

Mehl zum Ausrollen
Für den Belag:
150 g magerer Bauchspeck
(Gelderländer Delikateß Bauchspeck)
250 g geriebener Emmentaler Käse

3 Eier
Salz
weißer Pfeffer
geriebene Muskatnuß

Für den Salat:
1 Kopfsalat
3 EL reines Sonnenblumenöl (Bellasan)
2 EL Zitronensaft
Salz
frisch gemahlener schwarzer Pfeffer
1 Knoblauchzehe

Aus Mehl, kalten Butterstückchen, Ei und Salz rasch einen Mürbeteig kneten und zu einer Kugel formen. In Pergamentpapier wickeln und ca. 30 Minuten im Kühlschrank ruhen lassen.

In der Zwischenzeit Schinkenspeck fein schneiden, in eine Schüssel geben, mit heißem Wasser übergießen und 3 Minuten ziehen lassen. Speck abtropfen lassen und mit Küchenkrepp trockentupfen.

Auf der mehlbestäubten Arbeitsfläche 2/3 des Teigs 1 cm dick ausrollen. In eine mit Backpapier ausgelegte Springform geben und den restlichen Teig zu einer Rolle formen. Als Rand an den Bogen legen und mit einer Gabel rundherum hochdrücken. Den Boden mehrmals mit einer Gabel einstechen. Tortenboden abwechselnd mit Speck und geriebenem Emmentaler schichten. Eier, Salz, Pfeffer und Muskat verquirlen und über den Belag gießen. Im vorgeheizten Backofen bei 200 Grad ca. 25 Minuten knusprig braun backen. Noch warm in Stücke schneiden.

Salatschüssel mit einer halbierten Knoblauchzehe ausreiben, darin aus Öl und Zitronensaft, Salz und Pfeffer eine Vinaigrette anrühren und die gewaschenen, halbierten und von den Mittelrippen befreiten Salatblätter untermischen.

Tip: Die Quiche läßt sich auch auf einem Blech backen. Im Häppchenformat der leckerste Zeitvertreib für wartende Gäste. Der Sonderposten Balsamico-Essig, (Aceto Balsamico di Modena, Gärungsessig aus Traubenmost, 6% Säure, zweimal jährlich im Angebot) gibt dem Dressing Toskana-Touch (3 Teile Olivenöl und 1 Teil Balsamico), Salz und Pfeffer.

Dazu paßt: trockener Chianti Classico, DOCG, 1995.

Summa summarum mit Wein: 10 Mark

13. Tag, Freitag. Die Alditüte (2)

Siegfried sagt, er sei wählerisch. Fast schon heikel. Nahezu empfindlich, was den Schlafplatz betrifft. Nie in der Nähe von Mülltonnen. Auf keinen Fall in Vorgärten. Schon gar nicht, wenn beides zusammenkommt. Morgens um fünf ist er mal von einem Bewohner mit Müll geweckt worden, »muß man sich vorstellen.« Also, der Bewohner, so ein Aas, war auf dem Weg zur Abfalltonne und kippte die volle Mülltüte über ihm aus. »So sind se.«

Siegfried trägt sein Leben in zwei Alditüten durch die Stadt. Gut behandelt, übersteht so eine Tüte bald ein ganzes Jahr. Zwei Tüten mit seinen Siebensachen: paar Wäschestücke sind drin, zwei Pullover und eine zu weit gewordene Hose, die er vielleicht noch brauchen kann. Wegwerfen wäre eine Sünde. Schlafanzug braucht er nicht; »Schlafanzug is was fürs Bett.« Bett hat er keins, schläft im Park, wenn es warm ist und im Winter, wenn er

Glück hat, findet sich ein Platz im Wohnheim.

Wenn er Glück hat. Letzten Winter ist er fast erfroren. Da haben die Tüten auch nicht mehr gewärmt.

Manchmal ist ja auch was Gutes in der Tüte. Weißwein aus Italien, schöne schlanke Flasche. Sieht edel aus. Riecht gut, schmeckt gut, macht nicht besoffen. *Viel* zu edel zum Besoffenmachen. Kann man natürlich nicht drauflos saufen, ex und hopp. Muß man genießen. Schluck für Schluck, übern Tag verteilt, darum macht der auch nicht blau. Kauft er bei Aldi, geht schon frühmorgens hin, dann ist es noch nicht so voll. Er hat ja Zeit. Denn wenn's voll ist, gaffen die Leut. Gehen sie ein Schrittchen zurück, selbst im Gedränge, als hätte er was Ansteckendes. Oder tät stinken, aber er stinkt ja auch nicht mehr als die anderen. Paßt doch ziemlich auf seine Sachen auf, daß sie nicht fleckig werden, nicht allzu verlaust. Darum ist seine Alditüte mit den Sachen zum Wechseln auch immer zugebunden, kommt nicht soviel Dreck rein.

Rotwein haben sie auch bei Aldi, aber der ist teuer. Sieben, acht Mark die Flasche. Geht nicht. Zu viel Geld. Die Heringsfilets ißt er gern, bißchen über eine Mark. Leckere Saucen. Haben sie aber auch nicht immer.

Ja, wie gesagt, wenn's nicht so voll ist, kann man in Ruhe gucken. Die Kassiererinnen lassen ihn gewähren, er macht ja nichts. Klaut nicht, blökt nicht rum. Sein Kumpel, der Erwin, ist schon mal extrabreit da rein, den haben sie rausgeschmissen, aber hochkant! Selber schuld.

Viel Platz hat die Alditüte. Wenn's Sommer wird, kriegt er sogar die Winterjacke rein, und wenn die Winterjacke drin ist, gibt so eine Tüte ein schönes Kissen für die Nacht.

13. Kartoffelsuppe mit Pfefferlingen

4 große Kartoffeln
1 Bund Frühlingszwiebeln
1,5 l Klare Brühe Instant (Dr. Lange)
$^1/_4$ l Schlagsahne (milfina)
3 EL kaltgepresstes Olivenöl,
extra vergine (Lorena)
300 g Schinken-Pfefferlinge nach
Mettwurst-Art (Schultc)
Salz
weißer Pfeffer

Pfefferlingwürstchen in 1 cm große Stücke schneiden und mit 3 EL Olivenöl langsam schön goldbraun anbraten. Die Pfefferlingstücke herausnehmen und auf Küchenpapier abtropfen lassen, beiseite stellen. Das Fett bis auf 3 EL ab-gießen. Frühlingszwiebeln schneiden, etwa $^3/_4$ der Menge im Fett anbraten. Die geschälten, gewaschenen und geviertelten Kartoffeln in den Topf geben, mit Brühe aufgießen. Etwa 20 Minuten bei kleiner Flamme garen lassen. Mit dem Mixstab oder in der Küchenmaschine pürieren. Das Püree in den Topf zurückgeben, Sahne einrühren und die Hälfte der Pfefferlingstücke unterrühren. Noch einmal kurz erhitzen, jedoch nicht mehr kochen lassen. Mit Salz und weißem Pfeffer abschmecken. Die restlichen Pfefferlinge hinzufügen, mit den verbliebenen Frühlingszwiebeln garnieren.

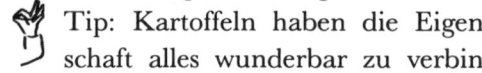 Tip: Kartoffeln haben die Eigenschaft alles wunderbar zu verbin-

den: also, was noch im Kühlschrank auf seine Bestimmung wartet, hinein in die gute Supp: Karotten, Tomaten, Lauch, Salami, Reibekäse oder *Hühnerfleisch*.

Dazu paßt gut gekühlter Weißwein wie: Heuriger Veltliner, 1996.

Summa summarum mit Wein: 13,50 Mark

14. Tag, Samstag. Das Kassenwunder

Auf jetzt! Pack's Brot ein. Müllbeutel (extra stark) und Rotwein, was noch? Joghurt. Ja, da hinten leuchtet der Joghurt, winkt schüchtern herüber, doch wir können zueinander nicht kommen. Wir müßten uns den Weg freischießen, doch das möchten wir nicht. Damit würden wir die merkwürdige Ruhe stören, die hier herrscht. Es geht nicht vor und nicht zurück, dennoch wirken die Menschen seltsam entspannt. Die Hölle ist ja auch beim Nudelsortiment ausgebrochen, und von dem Kartoffel-Auflauf möchten wir gar nicht erst berichten.

Und wir sind doch *so* früh dagewesen. Hat wieder nix genutzt. Haben sich nämlich alle gedacht: sind wir früh da, gibt's ein Durchkommen.

Es gibt aber kein Durchkommen bei Aldi an einem Samstagvormittag. Häuserblöcke, ganze Stadtviertel, Kontinente scheinen sich hier verabredet zu haben. Viele könnten ausschlafen, was tun sie? Gehen zu Aldi.

Auf jetzt! Beweg dich, wir brauchen

noch Tomaten. Wir brauchen Platz! Die Tomaten sind vergriffen, und ein unverschämter Mensch packt die letzte Mortadella ein. Er lächelt; Montag gibt's neue. Wenn ihr Glück habt. Da kann sie sicher sein, sagt Frau Zuber, daß das Haltbarkeitsdatum hier niemals überschritten wird, so fix, wie die Sachen immer weg sind.

Manche Leute decken sich mit Brot- und Butterbergen ein, denn morgen ist Sonntag, und da könnte der Notstand ausbrechen. Überhaupt will und will es nicht weitergehen. Manche Leute, scheint uns, halten ein Schwätzchen mit dem Magerquark, bevor sie ihn einladen, in ihrem Einkaufswagen Platz zu nehmen. Vor uns kratzt sich einer am Kopf, geht zwei Schritte vor und einen zurück. Bleibt stehen, grübelt. Hat wohl etwas vergessen, aber was? Draußen wird es ihm einfallen, das ist der Lauf der Welt. Waschlotion (Louschn), dermatologisch getestet, hat Aldi um 39 Pfennig herabgesetzt – also, da *nicht* zuzugreifen, wäre eine Sünde. Frau Zuber kriegt einen Wagen ins Kreuz gerammt, und ein Mensch flüstert ganz erschrocken: »Oh, das wollte ich nicht!«

»Wenn Sie's gewollt hätten«, sagt Frau Zuber, »wär's ja auch ein starkes Stück.«

Und dann ist die Kasse in Sicht. Von nun an werden wir Zeugen eines Wunders. Zuerst fällt uns gar nichts Ungewöhnliches auf; Schrittchen für Schrittchen. Wippen und tippeln und tänzeln, immer in Bewegung bleiben, sonst fällt der Blutdruck ab. Stückchen vor. Noch eins. Kleiner Ruck: noch'n Stückchen. Keiner meckert, wie das? Die meisten vertreiben sich ihre Zeit damit, liebevoll in den Wagen zu gucken. Gut gefüllt, der Wagen, das ist das Aldi-Gefühl: Für soviel Zeug zahlste woanders glatt das Doppelte.

Und dann sind wir dran.

Wir sind dran? Eben war die Schlange doch noch schier endlos.

Richtig, wir sind dran und stimmen ein kleines Hallelujah an: Aldi, Deine Kassiererinnen, wir wollen sie loben und preisen! Aldi, deine Kassiererinnen, sie öffnen unser Herz. Wer bei Aldi in der Kassenschlange steht, wird kaum aggressiv werden *können*, denn das Wesen der Aldi-Schlange besteht darin, sich umgehend wieder aufzulösen. Dafür sorgen die Kassiererinnen. Im Süden schlagen sie jede Scanner-Kasse, im Norden scannen sie in der Regel selbst, aber auch das recht fix.

Pianistenfinger! Und alle Preise im Kopf! Das Sortiment und die wechselnden Sonderposten! Kein »FRAU NEUMEISTER, WAT MACHT DENN DER EMMENTALER?« Sie wissen, was der macht. Sie wissen alles. 2,29, 1,59, 19,98, 0,39: Sie hauen die Preise rein und verhauen sich nicht. In allen anderen Läden, sagt Frau Zuber, rechnet sie vorher aus, was es kostet, will sich gleichsam wappnen gegen Beschiß und Patzer aller Art, denn was *hat* sie dergleichen nicht schon alles erlebt! (Man macht sich ja keine Vorstellungen!)

Nicht bei Aldi. Wenn die Kassiererin sagt: »Macht 45 Mark und drei«, dann *macht* es das auch, da ist nichts dran zu rütteln. Wer dankt es ihnen? Nach Informationen der *Wirtschaftswoche* erhalten Aldis Angestellte im Süden 2,5 Prozent vom dortigen 15-Milliarden-Umsatz – Durchschnitt im Lebensmittelhandel, zitiert die Zeitung den Hauptverband des Deutschen Einzelhandels, seien Personalkosten zwischen 7,6 und 9,7 Prozent.

»Zettelchen?« ruft die Kassiererin uns nach. Sogar die Kraft zu lächeln hat sie noch.

Zettelchen brauchen wir nicht. Wir glauben ihr blind.

14. Gazpacho (mit Knoblauchbaguette)

500 g frische Tomaten
1 große Salatgurke
2 Zwiebeln
1 rote Paprikaschote
1 l klare Instant-Brühe (Lachende Köchin)
2 EL kalt gepreßtes Olivenöl,
extra vergine (Lorena)
1 TL Zitronensaft
frisch gemahlener schwarzer Pfeffer
2 Knoblauchzehen
1/2 Bund Petersilie
1/2 Bund Schnittlauch
Eiswürfel
6 Baguettebrötchen zum Selbstbacken
60 g Butter
2 Knoblauchzehen
2 EL geriebener Emmentaler

Tomaten kurz in kochendes Wasser geben und häuten, Stengelansätze entfernen. Gurke waschen und schälen. Einige Gurkenscheiben zum Garnieren zurücklassen. Restliche Gurke grob würfeln. Zwiebeln schälen, vierteln, Knoblauchzehen schälen und mit Salz zerdrücken. Paprikaschote halbieren, putzen, entkernen und würfeln. Alles bis auf die Gurkenscheiben im Mixer fein pürieren. Hühnerbrühe, Öl und Zitronensaft unter das Püree rühren. Mit Pfeffer abschmecken und zwei Stunden im Kühlschrank kalt werden lassen. Petersilie und Schnittlauch waschen, trockentupfen und grob hacken. Einige Eiswürfel in das Gazpacho geben. Durchkühlen lassen. Auf Teller oder in Tassen füllen. Kräuter darüberstreuen und Gurkenscheiben obendrauf schwimmen lassen.

In der Zwischenzeit Baguettebrötchen mit einer Schale Wasser in der Röhre nach Vorschrift aufbacken. Auskühlen lassen und schräg einschneiden. Butter geschmeidig rühren und mit in Salz zerdrückten Knoblauchzehen mischen. Mit Salz und Rosenpaprika abschmekken und auf den Schnittflächen verteilen. Kurz in der Backröhre (3 Minuten)

erwärmen und zur eiskalten Gazpacho servieren.

☞ Tip: Anstelle frischer Tomaten eignen sich auch Dosentomaten und andere Gemüsesorten wie: Zucchini oder Gemüsezwiebeln.

Dazu passen Rotweine wie trockener Rioja, Denominación de Origen calificada, Viña Lombas, Cosecha 1996 oder fruchtiger Grove Hill California Cabernet Sauvignon, Vintage 1996

Summa summarum mit Wein: 18,50 Mark

15. Tag, Sonntag. Aldi dichtet

Innehalten. Zeitung lesen. Lange Zeit hatte Aldi nur im kostenlosen Anzeigenblättchen eine ganze Seite für sich. Tageszeitung war wahrscheinlich zu teuer. Dann aber, es muß so im Lauf des Jahres 1997 gewesen sein, ging ein Ruck durch das Milliardenunternehmen. Anzeigen, vierfarbig, zum Beispiel in der FAZ! Desgleichen: Anzeigen, vierfarbig, richtige Prospekte, die in den Läden ausliegen, auf daß die Kundschaft sie an sich raffe, um pünktlich zum Beginn einer jeden Sonderposten-Aktion in der Poleposition zu starten. Es ist im Prinzip immer der gleiche Streich: »Aldi informiert«, ordentlich unterstrichen, und dann geht es los. Die Bekanntgabe der wöchentlichen Sonderposten ist eine wichtige Sache, macht Aldi mit der »Aktionsware« doch ordentlich Gewinn. Auf 3 Milliarden Mark beläuft sich der Sonderposten-Umsatz etwa im Süden, im Vergleich zu einem Anteil von 1,5 Milliarden an Obst und Gemüse.

Abgebildet ist ein Nudelpaket. »Spaghetti«, erfahren wir, »aus 100% Hartweizengrieß mit hohem Eigehalt (4 Eier pro Kilo!), 250 g, 0,59«. So geht das seitenweise. Es sind die nüchternsten Anzeigen, die sich denken lassen, selbst vierfarbig! Kein Schnick, schon gar kein Schnack. Richtig uncool. Aber korrekt. Bei Aldi kann kein Werbetexter außer sich geraten, Schlichtheit regiert (auch

vierfarbig). Matratzen-Auflagen? »Mit Eckgummis für sicheren Halt«, Schluß. Herren-Slips? »Ausgezeichnete Paßform – auch nach vielen Wäschen«, Ende der Durchsage. So wird jeder Artikel penibel beschrieben und mit Abbildungen versehen; selbst die Fußmatte wird fotografiert und wir erkennen: genau! Zweifellos eine Fußmatte. Siehste, so sieht eine Fußmatte aus. So haben wir sie uns immer vorgestellt.

Pragmatismus überflügelt Werbepoesie. Damen-Kasacks sind nicht nur einfach Damen-Kasacks, es sind »praktische Damen-Kasacks«. Die Auflaufform – oval (spülmaschinenfest) ist eine »praktische Auflaufform – oval«, und der Milchtopf wird zwar durchaus als »formschön« annonciert, hat jedoch, bitte beachten Sie das, eine »praktische Meßskala«.

Doch bisweilen geraten wir ins Staunen. Dann und wann geschieht das Unfaßbare: Aldi dichtet. Aldi findet verblüffende Slogans. Dann leisten sich die Bekanntmachungen kleine Sprünge, als wolle man zeigen, daß man, wenn man bloß wollte, die gesamte Werbetexter-Garde aus dem Rennen werfen könnte. Bei Mischgemüse ist dergleichen passiert: »Junge Erbsen fein mit jungen ganzen Karotten klein«. Interpunktionslos eindrucksvoll. Man leistet sich sogar das Vergnügen, in den Reklame-Charme der Fünfziger zurückzufallen, etwa bei einem Satz Edelstahl-Töpfe für 25,90: »Eine Glanzleistung – und so preiswert!« Ja, nicht? Seitdem ist auch die Ehe besser. Gewöhnlich bleibt Aldi mit der Werbung auf dem Boden. Wie ausgefuchst ließe sich doch der Sonderposten »Tropengold Trinkschokolade« pushen! Vom hocherotischen Gaumenkitzel ließe sich erzählen, von den Vorzügen eines kakaohaltigen Pulvers, das wir sinnlichst mit kochend Wasser übergießen, auf daß es endlich und für immer mit dem netten Nachbarn klappt – macht Aldi nicht.

Aldi schreibt: »Schmeckt richtig lecker«. Glaubwürdig formuliert ist auch die Feststellung, daß die offerierten Kurzgardinen »für Fenster« sind, »die von drinnen wie draußen freundlich wirken sollen«. Doch dann geschieht es wieder. Aldi zeigt: Wir können auch anders. Mit atemberaubender Raffinesse beweist man, daß der springende Punkt oftmals in drei kleinen Auslassungspünktchen liegen kann. Anhand einer 500-ml-Flasche Vorwaschspray (3,98) ließ Aldi sich nicht lumpen: »Entfernt mühelos Öl, Make-up, Rotwein, Blut, Tee . . . « Diese Pünktchen und ihr verborgener Sinn setzen ein kleines Glanzlicht, zweifellos. Da nehmen wir auch in Kauf, daß die Feinstrumpfhose mit Zwickel (1,29) »faltenfrei am Bein« ist und verkneifen uns die Nachfrage: Wo denn sonst? Nein, soviel Häme hätte Aldi nicht verdient.

60 15. Kaiserschmarren

6 frische Eier (Gewichtsklasse 4)
50 g Zucker
1 Pkch. Vanillinzucker (Remiga)
Salz
60 g Weizenmehl (Sonnenstrahl),
Type 405

2 EL Schlagsahne (milfina)
1 TL dünn abgeriebene Schale einer
unbehandelten Zitrone
80 g Süßrahmbutter
50 g Rosinen
10 g Puderzucker

Die Eier trennen. Zucker und Vanillinzucker mischen. Eiweiß mit einer Prise Salz unter langsamer Zugabe des Zuckergemischs zu steifem Schnee schlagen. Gesiebtes Mehl, Schlagsahne, Zitronenschale und Eigelb unterheben.
Die Butter (50 g) in einer großen Pfanne schmelzen. Die Masse einfüllen. Gebrühte Rosinen zufügen. (Wasser vorher abgießen). Den Schmarren auf der Herdplatte bei mittlerer Hitze ca. 4-5 Minuten anbacken. Mit 2 Gabeln in große Stücke zerreißen. Restliche Butter und Zucker in der Pfanne leicht karamelisieren lassen. Schmarrenstücke darin schwenken. Mit Puderzucker bestäuben.

Tip: Rosinen über ein paar Stunden in Grand Marnier Orangenlikör oder Petite fleur, Pfirsich-Likör marinieren. Sie geben dem Schmarren einen zusätzlichen Gusto-Kick.

Dazu paßt Trinkschokolade (Tropengold, Sonderposten zweimal pro Jahr im Angebot) mit Schlagobers (eine Mega-Portion geschlagene Sahne).

Summa summarum:
4 Mark

16. Tag, Montag. Abenteuerland

Eine stumme kleine Prozession zieht durch den Laden und packt das Wesentliche ein. Handgriffe wie im Schlaf, Margarine, Käse, Vorwaschspray.

»Vorsehen«, sagt der Kunde, als er mit seinem Wagen eine Kundin streift, »achtgeben.«

»Na na«, sagt die Kundin gütig. Sie steht nun schon eine ganze Weile jedem im Weg, guckt und guckt und entscheidet sich für nichts. Die Argusaugen hat sie leicht zusammengekniffen, doch nun ist sie bei Aldi, nun muß sie da durch.

Ihr halber Bekanntenkreis kauft schon hier. Na ja, zumindest »die frugalen Dinge«.

Wie sehen die aus, die frugalen Dinge, und wo führen sie die?

Also Watte, Seife, Klopapier.

Ach so.

Ja, sie ist doch nicht blöd! In ihrem todschicken Mantel sieht die neue Kundin zwar aus, als könne sie ein ganzes Einkaufsparadies leerkaufen, doch warum soll sie für ein Paket Waschmittel mehr bezahlen als sie muß?

Es sind natürlich viele einfache Menschen hier. Aber die Zeiten sind hart. Die Rezession lauert immer und überall.

Wenn sie bloß wüßte, wo anfangen –

»Wollen's vorwärts oder wollen's z'ruck?« Böse Miene einer jungen Mutter, die zwei plärrende Kleinkinder hinter sich herzieht. Also, der Ausländer eben war höflicher. Überhaupt sind die meisten Ausländer ganz reizende Menschen, da mache man sich nichts vor! Um auf die Frage der rüden jungen Mutter zu antworten: Sie möchte vorwärts, nicht z'ruck. Sie findet das ganz amüsant, das WC-Papier ist erschwinglich, das nimmt sie doch mit. Bloß, na ja: daß bei Aldi alles so herumsteht! Wollen mal so sagen: Die Ware wird nicht dekorativ präsentiert. Aufgetürmte Weinflaschen, Schleifchen drum, Knabberspaß auf Marmorbökken, rotierende Hähnchenhälften tanzen Wiener Walzer, dergleichen läßt der Handel sich doch heutzutage einfallen. Der Kunde will umworben sein. Was wollen Aldi-Kunden? Sind *sie* die wirklich mündigen Kunden? Bedient euch! Sucht's euch z'sammen. Dann kommt zur Kasse und bezahlt.

Nur ist es bis dahin ein dornenvoller Weg. Immer wieder gerät die Aldi-Prozession ins Stocken. Vor dem Obst und dem Gemüse ballt sich eine kleine Welt. Griechen greifen nach Zucchinis, Türken nach Lauch, Afrikaner nach Äpfeln. Polen nehmen sich Orangen, Türken auch, Griechen packen Lauch ein, Deutsche die Tomaten. Die neue Kundin kann sich nicht entscheiden. Soll sie Bananen nehmen? Du lieber Himmel, da fallen ihr doch glatt die hübschesten Geschichten ein, Geschichten von Deutschen und Bananen. Historisch verbürgte Geschichten vom Fall *der Mauer*, als sie und ihr Gatte seinerzeit durch die Stadt spazierten und vor dem Aldi-Laden deutsch-deutsches Gedränge sahen.

Tatsächlich vermögen die Welt und ihr Lauf sich bisweilen anschaulich bei Aldi einzufinden. Als 1989 *die Mauer* fiel und das deutsche Volk sich bei Aldi vereinte, gab es an der Kasse ein Problem. Denn da stand bereits eine Schlange aus lauter Ausländern, und ein paar ehemalige DDR-Bürger moserten tüchtig und fanden, sie müßten zuerst bedient werden. Da wurden wiederum die ausländischen Mitbürgerinnen und Mitbürger ziemlich fuchtig und gifteten, *sie* kauften schon seit Jahren hier und stellten sich immer ordnungsgemäß an und überhaupt solle doch jeder bleiben, wo er hingehöre.

Die neue Kundin nimmt Bananen und fragt einen italienischen Stammkunden, der lauthals auf italienisch mit seiner italienischen Gattin parliert: »Wie! sind denn! Tomaten! hier? Schmecken?« Dazu fuchtelt sie wie wild, um sich dem ausländischen Mitbürger verständlich zu machen: Sie meint den Laden hier. Aldi im allgemeinen. Und die Tomaten im besonderen.

Der Ausländer ist ganz reizend, sagt: »Die Tomaten aus der Büchse sind meines Erachtens aromatischer. Die lassen sich auch besser durchpassieren.«

Sie nickt eine Weile vor sich hin, bis der Ausländer und seine ausländische Gattin ihres Weges gehen, dann greift sie wie in Trance nach einem Apfel und läßt ihn wieder fallen. Apfelsaft! Das könnte man doch versuchen. Einmal Apfelsaft und viermal Joghurt macht zusammen 4 Mark 34. Das war zumindest kein herausgeschmissenes Geld. Sie läßt sich aber keine Tüte geben, das nun nicht. Vorsichtig jongliert sie das Zeug zur Tür. Aldis Türen gehen automatisch auf.

16. Lachs-Geldbeutel (mit Bananen-Füllung)

500 g Doppelrahmfrischkäse
$^1/_8$ l Milch (milfina)
1 Zweig Rosmarin
weißer Pfeffer
Salz
16 Scheiben Räucherlachs (Salmo salar)
2 mittelgroße Bananen
1 Bd. Schnittlauch

Den Doppelrahmfrischkäse mit der Milch glattrühren. Rosmarinnadeln abzupfen und kleinhacken. Daruntergeben. Die Masse mit Pfeffer, Salz und Muskat abschmecken. Die Lachsscheiben ausbreiten und vorsichtig mit je-weils einem Löffel Käsefarce versehen. Bananen schneiden und jeweils 1-2 Scheiben dazusetzen. Die Lachsscheiben an den Enden hochnehmen, über der Farce vorsichtig mit je einem Schnittlauchstengel schließen. Zum Aperitif reichen.

Tip: Anstelle von Räucherlachs läßt sich auch dünn geschnittener Parmaschinken verwenden.

Dazu passen Champagner wie Vve. Monsigny, brut oder rassiger Chablis, Félix Ravinet, A.C., 1995.

Summa summarum mit Champagner: 19,20 Mark

17. Tag, Dienstag. Von Hosen und Jeans

Jeans bei Aldi? Ein kleines Drama müssen wir erleben, eine Mutter inklusive Tochter (schätzen wir mal: aufgerundet 14 Jahre) sowie zwei Welten, welche aufeinanderprallen. Jeans bei Aldi. Ja, warum denn nicht? Die Mutter findet nichts dabei; 19.98! Sonderposten.

Mit dem Preis geht es aber schon los. Zwanzisch Makk! Den Betrag spuckt die Tochter schier mit Abscheu aus. Zwanzisch Makk, das *kann* nix taugen! Kriegste keine Jeans für, weil: *richtige* Jeans, die kosten keine zwanzisch Makk, die sinn halt teurer. Also, echte Jeans. Die wo der Jeans-Store hat. Keine Jeans von Aldi.

Was will das Kind? Die Mutter wird es nie begreifen. Da steht's doch: »Basic-Jeans im klassischen 5-Pocket-Style«, dat sind doch echte, oder nicht?

Nee. Jesus, die *Farben!* Kind kriegt die Krise; das sollen *Jeans* sein? Lacht sie sich doch gleich was ab.

Dabei wurden die Farben doch ganz besonders hervorgehoben. »In verschiedenen modischen Uni-Farben«, hatte Aldi inseriert, und so zartgrün, zartrosa und bläulich liegen sie nun da.

Mama gefällt's. Sind doch nett, oder?

Falsch, ganz falsch. Jeans *haben* keine Farbe, Jeans sind jeansblau! Bissi gebleicht, allenfalls noch schwarz.

Jeans sind Jeans, bloß woanders sind

se teurer – so pragmatisch sieht die Mutter das.

Das sin' *Hosen*. Allenfalls. Jeans sin' des net.

Jeanshosen, assistiert die Mutter. Die Tochter verdreht die Augen.

Aber gucke mal! Mama tippt aufs Inserat: »Herrlich bequem, aus Baumwoll-Denim oder Baumwoll-Twill.« Das ist doch was, oder nicht?

Was ist jetzt Twill? Egal, ne echte Basic hat auch keinen Reißverschluß. Die hat Knöpfe.

Wat denn – Mutter deutet auf ihren Bauch. *Ihre* Jeans hat doch auch einen Reißverschluß.

Deine – voller Verachtung dieses Kind. Was Mama Jeans nennt – na ja, ihr Zeug halt. Was se so trägt. Wo se bei C & A kauft. Oder hier bei Aldi, wenn se's im Angebot haben.

Reißverschluß ist doch viel praktischer, wendet Mama ein. Wennde schnell aufs Klo mußt –

Kind wendet sich ab, doch Mama gibt keine Ruhe. Jetzt stell dir mal vor, du hast den Durchfall. Biste da die Knöppe auf hast, isset passiert.

Mensch, Mama!

Dat Gefummel mit die Knöppe.

Mußte halt können. Mach ich dir mit einer Hand auf. Mit links.

Ist doch eh die Klappe drüber. Siehste doch gar nicht, die Knöppe. Inzwischen hat die Mutter so ein Aldi-Teil in die Hand genommen. Tadellos. Kannste nix sagen.

Erbarmen.

Sieht doch nett aus.

Überhaupt, stellt die Tochter klar, haben Jeans auch andere Größen. Was haben die denn hier? Jesses, da rasteste doch aus: 36 bis 44! *Ihre* Jeansgröße ist 32.

Komm, jetzt gib nicht an. 40 haste!

32! Weil: die echten Jeans, also die Levis und so und die Diesel, die haben amerikanische Größen. Da hat sie dann also 32. Tochter schlägt sich auf die Schenkel: Ihre Jeans fühlt sich eh ganz anders an, die is ja auch korrekt. Wenn de bei Aldi Jeans kaufst, haste Hosen, aber nix Korrektes.

Hose is Hose.

Kannste so nicht sagen. Jeans sind Jeans. Aldi hat Hosen. Eine Hose ist eine Hose, eine Jeans –

Dat is mir zu hoch!

Vergiß es.

Aber hier, was liegt denn da? »Lässigchic, mit Hemdkragen und jeweils 2 Brusttaschen«. Ach, die sind aber süß. Guckemal, Manuela, die haben hier auch noch Westen. Jeanswesten.

Manuela!

Manuela??

17. Chicken-Wings à la King

16 Hähnchenflügel
1 grüne Paprikaschote
1 rote Paprikaschote
20 g Süßrahmbutter
200 g frische Champignons
Salz
weißer Pfeffer
200 g Schlagsahne (milfina)
Paprika edelsüß

3 Eigelb
4 Gläschen Spanischer Sherry, Amontillado, medium dry

Hähnchenflügel waschen und trockentupfen. In heißer Butter 5 Minuten in einer großen Pfanne goldbraun anbraten. Geputzte, blättrig geschnittene Champignons und in Streifen geschnit tene Paprikaschoten hinzufügen, mit Salz und Pfeffer würzen und öfter wenden. In 15-20 Minuten gardünsten. Sahne angießen und etwas einkochen lassen. Mit Paprika abschmecken. Pfanne von der Kochstelle nehmen. Eigelb und Sherry verquirlen. In die heiße Pfanne mit den Chicken-Wings geben, aber nicht mehr kochen.

Tip: Anstelle von Hähnchenflügel läßt sich auch *Puten- oder Hühnerbrust* verwenden. Dann wird der USA-Schmaus wahrhaft »königlich«.

Dazu passen: Kaiser Pilsener (im 6-Pack) und eisgekühltes *Coke*.

Summa summarum mit Bier: 9,60 Mark

18. Tag, Mittwoch. Kein Gedöns

Was macht unser Pärchen? Am späten Vormittag sind sie wieder da, und inzwischen gehört *sie* zu jenen Verfechtern des Unternehmens Aldi, die imstande sind, eine Ideologie daraus zu machen (*er* ja nun nicht). *Sie* findet nämlich, es sei Pflicht in diesen Zeiten, bei Aldi einzukaufen.

Er sieht es nicht ein; warum gerade hier? Penny ist auch nicht teuer. Jaaa, sagt sie, aber Aldi hat dieses Konzept erfunden.

Aldi hat ein *Konzept?*

Das mit der schnörkellos präsentierten Ware und so. Aldi ist das Original. Aldi repräsentiert einen neuen städtischen Lebensstil.

Donnerwetter!

Ja, genau. Ist doch klar: Einerseits haben wir uns mit Rezession und Flauten aller Art auseinanderzusetzen. Andererseits mögen wir nicht auf gute Produkte verzichten.

Natürlich nicht –

Eben! Früher war das ja so eine Sache, man konnte sich bei Aldi nicht recht sehen lassen. Wir dachten, diese Läden seien für Arme. Dabei repräsentieren sie nur eine andere Einkaufskultur. Das hat Aldis Stammkundschaft uns nämlich immer schon voraus gehabt: nicht auf den schönen Schein der Verpackung hereinzufallen.

Na also! Schlichtheit bringt auch was ein. Sicher singen Karl und Theo Albrecht jeden Morgen: »I do it my way!« Daß ihre Kunden sparen, nehmen sie gerne in Kauf, doch zuerst einmal rechnen sie selbst. Aus Liebe zur Kundschaft lassen sie gewiß keine Lieferanten hängen, die es wagen, moderat die Kosten zu erhöhen.

Klar, sagt sie, alles ist knallhart kalkuliert. Damit beweisen die aber bloß, wie billig man die Ware wirklich abgeben kann. Aldi ist Rezessionskultur, die jeden Aufschwung überlebt. Im übrigen ist Aldi Multikulturalität –

– ist *was?*

Also multikulti.

Ach so. Gehen die Türken hin und die Griechen und der freie Osten. Die Exilanten und die Emigranten und die Asylanten und Frau Zuber auch.

Ja, genau. Die Welt in ihrer Gänze. Ein Querschnitt. Ein repräsentatives Profil.

Also, *er* fragt doch zuerst und zuletzt nach der Qualität. Er fragt sich also, wieviel Chemie im billigen Rotwein ist, wieviel Farbstoff im Vitaminsaft und ob der Joghurt nicht am Ende –

Nein, das glaubt sie nicht. Sie glaubt ja ohnehin nicht mehr an den Öko-Weihnachtsmann, der im Naturkostladen »Sanfte Gerste« das schier Unverfälschte aus dem Sack holt. Bescheißen tut uns doch zu jeder Zeit ein jeder.

Billig, beharrt er. Billig kann nicht gut sein. Billig ist halt billig.

Mehrfach ausgezeichnet, wirft sie ein, Aldis Produkte! Von der Stiftung Warentest, jawohl! Denn die Ware ist die Ware, bloß läuft sie unter Aldis Etikett. Und Aldis Kundschaft hat es nicht nötig, ihr Selbstwertgefühl aus dem Etikett zu beziehen. Aldis Kundschaft ist autark. Aldis Kundschaft kauft Aldis Kaffee, spart 4 Mark und singt sich den Slogan halt selbst dazu.

Er kriegt Magendrücken von Aldis Kaffee!

Er sei ein Hypochonder, stellt sie ihn endlich einmal vor. Dann legt sie genügsam ein Spaghetti-Fertiggericht für 1,49 in den Wagen (»Jetzt 40% mehr Tomatensauce!«) und krönt das Ganze trendbewußt mit einer Literflasche französischem Landrotwein für 1,99.

Oh, das gibt Kopfweh.

Sie aber rechnet: Dies ist ein Abendessen für 3,48. Besser noch: Dies ist ein Abendessen für 1,74 pro Person. Da ist selbst die Suppe in der Bahnhofsmission teurer.

Er möchte aber lieber thailändisch heute abend –

Nix, sagt sie und schüttelt das Fertiggericht, 1,74 und obligat verköstigt –

Aber beim Thai –

Und das alles nur, weil Aldi kein Gedöns macht.

Das notieren wir: Aldi macht kein Gedöns. Ist dies das Geheimnis des Erfolges?

18. Feuriger Thai-Topf

$^1/_4$ l klare Brühe (Instant)
1 Karotte
1 Kartoffel
$^1/_4$ Stange Lauch
jeweils $^1/_2$ rote und grüne Paprika
1 Prise Chilli-Powder
2 Dosen Feurige Thai-Suppe (Primana)
mit exotischen Gemüsen,
Hühnerfleisch und Glasnudeln

Karotte und Kartoffel waschen, schälen und würfeln. Lauch und grüne Paprika waschen und in feine Steifen schneiden. In der Fleischbrühe alles rasch in ca. 10-15 Minuten garen. Den Inhalt von 2 Dosen Feuriger Thai-Suppe zusetzen, langsam heiß werden lassen.

Aber nicht mehr kochen.
Fertig!

Tip: Zum Nachrüsten der Dosensuppen eignen sich *frischgeriebener Ingwer,* Broccoliröschen, *frische Spinatblätter* und authentische Thai-Würze wie *Horapa* (unserem Basilikum ähnlich), *Zitronengras* oder frische *Zitronenblätter*.

Dazu passen am besten halbtrockene Weißweine wie Frankenberger Schloßstück, Müller-Thurgau Kabinett, 10%, 1996 Qualitatswein oder Kraichtaler Mannaberg, Müller-Thurgau, 11%, 1996.

Summa summarum mit Wein:
8,50 Mark

19. Tag, Donnerstag. Lorenz

Eine Albrecht-Filiale im Nordrhein-Westfälischen. Eine Frau, ein Mann und ein kräftiges Kleinkind mittlerer Größe. Das Kind heißt Lorenz.

Lorenz, laß dat.

Lorenz, hör auf.

Lorenz!

Lorenz, ich sach dir dat *einmal*, hörste?

Das Kind heißt wohl Lorenz, doch hört es nicht auf diesen Namen.

Lorenz! Du sollst nix in de Mund stecke!

Lorenz, dat darfste nit!

Doch ist es allen Kindesmüttern und -vätern eine große Beruhigung, wenn Aldi seinen Sonderposten bunte Holz-spielwaren als »speichelecht« deklariert. Kann der Nachkomme sabbern und hat trotzdem keine Farbe im Mund. Lorenz lutscht an einem fremden Sonderposten-Klötzchen.

Sie, mischt sich da eine weitere Kundin ein, *Sie*, das können Sie jetzt aber nicht mehr zurücklegen. Das hat der jetzt im Mund gehabt. Sowas unhygienisches.

Dat Kind is hüjenischer wie Sie!

Der Mund der sich einmischenden Kundin verzieht sich. Das sieht man ja, findet sie frech und deutet auf des Kindes T-Shirt. An diesem leicht fleckigen Hemdchen reibt der gescholtene Lorenz gerade das zuvor von ihm besabberte Klötzchen trocken. »Schweiß-echt«, informiert Aldi, ist sein Spielzeug auch. Lorenz schwitzt nicht.

Da, sagt die Kindesmutter zufrieden, derweil ihr Gatte interessiert einen Packen Toilettenpapier in den Armen wiegt, *sehen Se?* Wat der naß macht, dat macht der auch widder trocken, rejen Se sich bloß nit auf!

Die andere ist kleinkariert. *Meine* Kinder, erzählt sie, die sind so erzogen, daß sie nicht an fremden Sachen lecken. Meine Kinder lecken nirgendwo.

Der hat nit jeleckt, der hat bloß – *Lorenz!* Ohjottohjott . . .

Unglücklicherweise lag ein Joghurt-becher im Einkaufswagen der geplagten Mutter. Bedauerlicherweise hat sich des Kindes erstaunlich kräftiger Daumen in den Deckel gebohrt. Und da hat es nun den Salat, respektive den Joghurt auf dem Hemd. Gleich mal probieren – Erdbeer! Geil! Noch ein bißchen ins Gesicht geschmiert und auf den Ärm-

chen verteilt – jau, mag Lorenz sich denken, so läßt sich's leben bei Aldi.

Augenbrauen schnellen empor. Dar-unter ein vielsagender Blick. *Ihre* Kin-der, will dieser Blick uns wohl sagen, ih-re Kinder sind schon mit Messer und Gabel auf die Welt gekommen.

Gehetzt blickt die Kindesmutter um sich und siehe da: »Kinderbad Familie Feuerstein. PH-neutral. 500-ml-Flasche 2,59.« Dieser Sonderposten kam nun wirklich wie gerufen. Indes hat Lorenz ein Päckchen Schokowaffeln entdeckt und streckt sich ihnen entgegen.

Nein, Lorenz!

Unerreichbar? Das wäre doch ge-lacht; ein Ruck geht durch das Kind.

Lorenz, nu is Feierabend! Et reicht!

Der Nachkomme brüllt.

Die Mutter haßt die ganze Welt; *bloß ein einziges Mal* möchte sie in Ruhe ein-kaufen können, wo steckt der Erzeuger dieses Kindes? Seine ganze Aufmerk-samkeit auf eine Packung Gebäckmischung »Wien« konzentrierend, steht er zehn Schritte von seinen Lieben entfernt. Lorenz plärrt.

Du könntest dich auch emal um dat Jör kümmern, schießt die Gattin auf ihn zu. Immer hab *ich* de janze Ärjer am Hals!

Der is müd, findet Papa. Dat is hier nix für so'n Kind.

Und du bes blöd.

Sach dat noch ens!

Ich hab jesacht – *Lorenz!*

Jesusmaria!

Sechs lange, edle Jahre war der Mirabellenbrand gereift. In einer schönen Flasche stand er im Regal. Bis Lorenz kam. Sollten wir die nun völlig verstörten Kindeseltern sanft zwei Ecken weiterführen? Da wird ein Spiele-Sortiment sonderangeboten, lustige Brettspiele für Jung und Alt: »Jetzt schlägt's 13!«

19. Kinderfete (Kalter Hund, Süße Pizza, Würstchen im Schlafrock)

Kalter Hund (8 Portionen)
250-300g rechteckige Butterkekse nach Flämischem Original Rezept (Parein)
1 Ei
150 g Zucker
1 Pkch. Vanillinzucker

60 g Trinkschokolade oder *Kakao*
150 g Kokosfett (Palmin)
1 TL Rum

Ei, Zucker und Vanillezucker schaumig rühren. Kokosfett schmelzen und wieder erkalten lassen. In das flüssige, abgekühlte Fett nach und nach Kakao, Rum und die schaumige Ei-Zucker-Mischung einrühren. Eckige Butterkekse lagenweise abwechselnd mit der Kakaomasse in eine mit Pergamentpapier ausgelegte Kastenform (etwa 20x11 cm) füllen, die unterste Schicht muß aus Kakao, die oberste aus Keksen bestehen. Den kalten Hund am besten über Nacht kalt stellen und in dünne Scheiben schneiden.

Süße Pizza (4 Portionen)
Teig:
2 Eier Gewichtsklasse 4
80 g Zucker
40 g Weizenmehl (Sonnenstrahl) Type 405
40 g Speisestärke
$1/2$ TL Backpulver
Fett und Mehl für die Form
Belag:
300 g frische Erdbeeren

3 Blatt rote Gelatine
1 EL Zucker
1 Kiwi
50 g Melone
100 Weintrauben (weiß und rot)
50 g Bananen
100 g Schmand (milfina)

Eiweiß mit 2 EL kaltem Wasser steif schlagen. Nach und nach Zucker dazugeben. Eigelb unterziehen. Mehl, Speisestärke und Backpulver gemischt unterziehen. Teig in eine gefettete, bemehlte Pizza- oder Springform (24 cm) füllen und in den kalten Backofen schieben. Bei 140 Grad/Gas Stufe 2, 20-25 Minuten backen. Aus der Form lösen und abkühlen lassen. Erdbeeren pürieren. Gelatine nach Vorschrift auflösen und unter das Püree rühren. Den »Pizzaboden« damit bestreichen. Mit restlichem Obst auslegen. Schmand glattrühren und als Kleckse auf die »Pizza« geben.

Würstchen im Schlafrock

2 Pakete Blätterteig
1 Dose (10 Stück) Wienerle im Saitling
(Gut Oestergaard)
8 Scheiben Käseaufschnitt
1 TL Senf
Mehl zum Ausrollen
Eigelb zum Bestreichen

Blätterteig nach Vorschrift auftauen lassen. Würstchen abspülen und abtrocknen. Jeweils in eine Scheibe Käse wickeln. Mit Senf bestreichen. Blätterteig 3 mm dick ausrollen und in 10 Rechtecke schneiden. Würstchen einrollen, Teigenden umschlagen. Auf ein mit kaltem Wasser abgespültes Backblech legen und die Oberseiten jeweils mit verquirltem Eigelb bestreichen. Blech in den vorgeheizten Ofen auf die mittlere Schiene schieben und 20 Minuten bei 220 Grad (Stufe 5) knusprig braun backen.

Tip: Unerläßliche Begleiter von Kinderfesten: Farmer Erdnüsse gesalzen, Pistazien, Pittjes Cashews, Salzstangen, Erdnuß-Flips und Tuc-Vollkornkekse.

Dazu passen Orangen-Fruchtsaftgetränk (10er Pack) und *Coke*, Eistee mit Zitrone oder Pfirsich (Westcliff), Mineralwasser (Wilsberg Quelle) im 6-Pack und Orangen-Limonade (Flirt) in der Dose.

Summa summarum mit Getränken: 25 Mark

20. Tag, Freitag. Gemma mal!

Zwei Frauen vor einem Aldi-Laden im Hessischen, Nachbarinnen, ei, wie geht's dann?

Na ja.

Mer braucht halt doch immer widder was, gell?

Also, ich will mal gugge, ob se die Beddücher noch habbe, wisse Se? Gibt die Woch Spannbeddücher.

Ja, die sin praktisch.

Genau. Kaa Gekrumbel.

Habbe Sie mal gsehe, was der Krüger für'n Bettzeuch hat?

Nee, wieso?

Na, wenn der sei Zeuch lüftet und ich nebbean's Staubtuch ausschüttel, seh ich des doch. Also, komisch, sach ich Ihne. Als tät der im Sarsch schlafe, als wärer scho halbdot, alles in Schwarz. Is doch'n junger Kerl. Schwarzes Bettzeuch, könnte Sie da schlafe? Ich net. Mein Mann aach net.

Der is eh so komisch. Also, der Krüger, net Ihne Ihr'n Mann.

Ja, genau. Grüßt net. Und wann der mal die Trepp putze dut, könne Se's rot anstreiche.

Der putzt die Trepp net?

Alle Jubeljahr.

Naaa!

Doch.

Is ja'n starkes Stück. Also, ich bräucht die Salami, so'n großes Stück für sechs Makk.

Naa, ich mag die net.

Och.

So'n Ring Fleischworscht könnt ich hole.

Gescheite Käs habbe die hier gar net.

Finde Se? Ich hatt letztens so'n Dings, na Sie wisse scho –

Naa.

Ach, so'n weiche Käs.

Brie.

Brie heißt der, genau. Also, was soll ich Ihne sage – der war gut.

Die stinke halt so, die Dinger, gell?

Ach, wisse Se, wenn's Wetter net so heiß is, leje mir den immer uff die Fensterbank.

Ach, deshalb. Ich hab mich schon gefragt, ob da jemand sei Käsfüß aus'm Fenster hänge läßt. Des is also Ihne Ihr'n Briekäs.

Na ja, so oft hammer den ja net. Naa, mir habbe kaa Käsfüß, die ganz Famillje net. Früher hat mein Mann emal – aber seit der sich die Fieß zwei-

mal täschlisch wäscht, is des weg. Mojens un abends, wisse Se? Die Fieß. Aber habbe Sie mal die Freundinne von dem Krüger – also, wie soll ich Ihne sage, was Festes hat der ja net. Und die, wo den besuche komme, also, wisse Se – sauber sehe die net aus.

Ich dacht, der wär annersrum.

Annersrum? Der Krüger?

Na ja –

Eijeijeijeijei.

Gell?

Ach wisse Se, die Körpermilch, die bräucht ich heut. Die is mir ausgange, was soll ich Ihne sage, ich hab ja so troggene Haut.

Sieht mer gar net.

Doch, doch, die spannt an alle Ecke un Kande. Die Hautmilch, die wo se hier habbe, also die is echt gut. Glänzt mer hinnerher net wie so ne Speckschwart, wisse Se? Kost auch net die Welt.

Was ja gut sein soll, is Melkfett.

Melkfett?

Genau. Is innem Dösje, habbe die manchmal. Aber net immer.

Melkfett?

Ja, ja. Wenn Sie rauhe Händ habbe, soll des es Beste sein.

Also, wisse Se – naa. Tät's mich schüttele. *Melkfett*. Also – ohjeohjeohje. Nee.

Na ja, die Körpermilch is natürlich preiswerter. Riecht auch net. Mer will ja net wie so'n Freudehaus –

Naa, des will mer net.

Also, dann gemma doch emal nei.

20. Frankfurter Grüne Soße

2 Päckchen Grüne Soße
2 Becher Schmand
2 Becher Joghurt Natur
1 Zitrone
2 EL Bellasan
Sonnenblumenöl
4 Eier
1 EL Senf
1 TL Salz
frisch gemahlener schwarzer Pfeffer
500 g Kartoffeln

Kräuter waschen und mit dem Wiegemesser feinschneiden. Aus Zitronensaft, Öl, Salz und Senf rasch eine Mayonnaise aufschlagen mit Schmand und Joghurt zu einer sämigen Soße verrühren. Eier hartkochen und kleinhacken. Eine Handvoll Kräuter zum Garnieren zurückbehalten, den Rest unter die Soße geben. Nochmals abschmecken, bei Bedarf etwas frisch gemahlenen Pfeffer zusetzen und mit Pellkartoffeln servieren.

✌ Tip: Einmal pro Woche genossen, macht Grüne Soße schlank und rank. Nur: Erst schnippeln, dann schlemmen, auch wenn der Mixer noch so lockt. Die glorreichen 7 Gartenkräuter Petersilie, Schnittlauch, Kerbel, Gartenkresse, Pimpinelle, Borretsch und Sauerampfer wollen von Hand gewiegt sein, um ihr volles Aroma zu entfalten. Außerdem sind modische Varianten mit Basilikum, Dill oder Knoblauch dem Gusto-Klassiker eher abträglich.

Dazu passen: Heuriger Veltliner, trocken, 1996, Müller-Thurgau-trocken, 1996, für Diät-Hardliner auch Mineralwasser wie Wildsberg Quelle im 6-Pack.

Summa summarum mit Wein oder Wasser: 15 Mark

21. Tag, Samstag. Heim und Garten

Darf dergleichen verkauft werden? Was mag sich hinter dem grauenerregenden Sonderposten »Skelett-Auspreßpistolen« verbergen, rot lackiert, »mit Schubstange«? Wir wissen es nicht. Herr Zuber weiß es auch nicht. Doch gibt es Dinge, über die will er gar nichts wissen. Wahnsinnige Rinder, verpestete Schweine, darmquälende Eier – Gottes willen. Kommt ihm alles nicht mehr auf den Tisch.

Damit nicht genug; atmen Se durch, draußen vorm Haus, und sind sofort verpestet. Pfuideibel. Frische Luft findet Herr Zuber allenfalls in seinem Vorgarten, der liegt hinten raus. Also nicht vorne raus, zur lauten Straße – hinten. Wo's ruhiger ist. Darum werkelt er auch so gerne da herum.

Zubers Frau, Frau Helga Zuber, geht ja viel lieber alleine zum Aldi, da hat sie ihre Ruhe, da quasselt er ihr nicht dauernd rein. Im Laden quasselt er, daheim kriegt er's Maul kaum auf. Doch samstags gibt es keine Ruhe; nicht beim Aldi. Samstags sind in den Läden häufig Ehepaare zu sehen, denn samstags lassen die Männer sich nicht lumpen. Da schlurfen sie hinter ihren wagenschiebenden Frauen her und tragen die Verantwortung, daß diese sich nicht heillos und auf ewig verschulden; laß sein, Helga, ist doch viel zu teuer. Was brauchste Pralinen für drei Mark?

Er selbst, Paul Zuber, ist ja ganz auf das heute dargebotene Heim- und Gartenwerkersortiment fixiert. Schöne Sachen dabei; ja, wie gesagt, der Garten. Klein, aber sein. Nach hinten raus.

Sein Schwager hat einen Garten nach vorne raus, da ist es nicht nur laut, da schmeißt das Gesindel, das vorübergeht, auch noch jeden Dreck herein. Nicht zu glauben, wie die Leute sich benehmen. Ob Paul Zuber weiß, daß Aldi diesbezüglich mit'ihm fühlt? »Halte Dein Land sauber!« beschloß das Unternehmen seine Kundschaft zu mahnen, wobei wir gern gewußt hätten, ob man auf Du und Du steht zwischen Theo, Karl und Millionen Menschen draußen im Land. Die Zubers duzen die Albrechts jedenfalls nicht. Wissen gar nicht, wie die aussehen, noch nicht mal eine Vorstellung. Jedenfalls möchte Aldi sich an einem »ökologischen Bündnis« beteiligen, welches blindlings weggeworfene Verpackungen, die zuvor vom Unternehmen blindlings in die Läden geschleudert wurden, zu ächten trachtet. Lieber wieder nachfüllen, ist die vertraute Devise.

Halte Dein Land sauber – *er* schon wieder? Zuber schnauft; was ist mit den

LKW, die unter seinem Fenster vorbei donnern und ihn, wenn's Fenster offen ist, schier ersticken lassen? In der eigenen Wohnung ersticken, das muß man sich mal vorstellen. Lieber klettert er draußen über weggeworfene Dosen hinweg, als daß er in der eigenen Wohnung erstickt.

Aber so wird's kommen. Darum liegt ihm ja auch soviel an seinem kleinen Garten, der ja eigentlich, also von der Größe her, nur ein *Vor*garten ist, obwohl er ja, wie gesagt, nach *hinten* raus geht. Ein Hintergarten also, da ist so eine Gartenschere für 3,98 gar nicht zu verachten. Dazu braucht's natürlich Handschuhe, stabile Dinger, wie Aldi sie gerade hat, mit »Fingerspitzen aus kräftigem, strapazierfähigem Schweinsspaltleder«. 1,59. Nimmt er mit.

Inzwischen hat sich die Helga, was die Frau ist, den Wagen wieder mit Zeugs vollgeladen; mißtrauisch späht Zuber hinein – du *lieber* Gott, Helga!

Delikateß Cocktail-Würstchen hat Frau Zuber eingepackt, »extra knackig – Spitzenqualität – im zarten Saitling, an der Kette.«

An der Kette? Ja also, diese »Ast- und Durchforstungsschere« für knappe 10 Märker, die könnte Zuber auch noch brauchen. Schneidet alles. Mühelos.

Er tät ja gerade so, wendet Gattin Helga ein, als hätte er zehn Hektar Forst zu versorgen. Ist doch bloß dieser Vorgarten – nach hinten raus, also ein Vorgarten, den man vorne noch nicht einmal sieht. Strengt er sich an für nichts.

Geseich! Er strengt sich doch lieber sinnvoll an als sinnlos gutes Geld zu verplempern. Würstchen an der Kette! Jesses!

Sind aber 44 Stück (extra knackig) und kosten 2,98. Das sind, kannste rechnen, sind nur 6 Pfennig für ein Cocktailwürstchen, *so* mußte das sehen!

Ach was. Viel nützlicher findet Herr

Zuber dieses Garten-Kleingeräte-Set für 1,99 je Gerät. Kleingeräte für den Kleingarten, das ist eine sinnvolle Geschichte. Also beispielsweise ist ein kleiner Rechen dabei, siehste, ein kleiner Feger, ein – was steht da – ein Grubber.

Ein Grubber?

Genau.

Meinst wohl Schrubber. Zum Schrubben.

Nein, ein Grubber. Zum –

na ja.

Frau Zuber hält sich lieber an die entzückenden Terracotta-Figürchen, Sonderposten, 17,98 pro Stück. Ein Gänschen ist dabei, ein Hündchen – sie könnte auch das Nilpferdchen nehmen, obwohl: zu Nilpferden hat sie keinen rechten Bezug.

Das Häschen vielleicht?

Allmächtiger, stöhnt Zuber. Wäre er nicht mitgekommen, würde sie glatt – aber hier, der Gartenschlauch! Keine 20 Mark! Knickfest!

Das Schildkrötchen ist auch ganz putzig.

15 Jahre Garantie, der Schlauch!

So ein Terracotta-Krötchen neben das Telefon gestellt –

Zug- und druckfest, dieser Schlauch. Man weiß ja nie, wie trocken der Sommer wieder wird.

Andererseits macht sich das Hündchen natürlich auch gut auf dem Fernseher.

Wasserstop hat er auch, der Schlauch. Ganz wichtig, falls ihm der mal aus der Hand fällt.

Oder doch ein Nilpferdchen – wir wissen es nicht. Bald Ladenschluß, doch das Leben der Zubers geht seinen Gang.

21. Crazy Cocktails (mit Chips und Dips)

Cherry-Lady
2 cl Wodka (Czerwi) 40%
2 cl Kirschlikör
2 cl frisch gepreßter Zitronensaft
Champagne Vve. Monsigny, brut
1 Cocktailkirsche

Alle Zutaten im Shaker oder Mixer vermengen, ins Glas geben und mit Champagner auffüllen. Mit einer Cocktailkirsche garnieren.

Peach-Line
4 cl italienischer Grappa
(Grappa di Chardonnay)

2 cl Pfirsichlikör (Petite fleur)
2 cl frischgepreßter Zitronensaft
1 Zitronenscheibe

Alle Zutaten im Shaker oder Mixer mischen. In ein Glas füllen und mit einer Zitronenscheibe garnieren.

Terracotta
4 cl Rum 40%
40 % (Silverstone)
2 cl Pfirsichlikör (Petite fleur)
2 cl frischgepreßter Zitronensaft
3 cl frisch püriertes Erdbeermark
$1/2$ Orangenscheibe

Alle Zutaten im Shaker oder Mixer vermengen, ins Glas füllen und mit einer halben Orangenscheibe garnieren.

Strawberry-Fever (ohne Alkohol)
2 cl frischgepreßter Zitronensaft
4 cl Fruchtmix-Nektar (Ranjo)
12 cl frischgepreßter Orangensaft
3 cl frischgepreßtes Erdbeerpürree
1 frische Erdbeere

Alle Zutaten im Shaker oder Mixer vermischen, ins Glas füllen und mit einer frischen Erdbeere garnieren.

Helga & Paul
2 cl Wodka (Czerwi)
2 cl Grand Marnier (Cordon Jaune) 40 %
2 cl frischgepreßter Zitronensaft
Champagner Vve. Monsigny
1 Cocktailkirsche

Alle Zutaten im Shaker oder Mixer vermengen, ins Glas füllen und mit Champagner auffüllen.

Guacamole
3 große Avocados
2 Tomaten, geschält und kleingeschnitten
1 kleine Zwiebel, feingehackt
1/2 TL Chilli-Powder
1 TL frischgepreßter Zitronensaft
1 El feingehackter Koriander oder Petersilie
150 g Kartoffel- oder *Tortilla-Chips*

Avocados schälen und mit einer Gabel zerdrücken. Alle anderen Zutaten zusammenmischen und in die zerdrückten Avocados einrühren. Die Avocadokerne bis zum Servieren in der Masse lassen, um eine Verfärbung des Dips zu vermeiden.

Tomaten-Dip
250g Tomaten
1 kleine Zwiebel
1 *Knoblauchzehe*
1 rote Paprika
2 EL Tomatenmark

Chilli-Powder
Salz
frisch gemahlener schwarzer Pfeffer
1 EL *frische Petersilie, feingehackt*
150 g Kartoffel- oder *Tortilla-Chips*

Tomaten brühen, häuten, Stengelansätze ausschneiden, vierteln und entkernen. Kleinhacken. Zwiebeln und Knoblauchzehen schälen und fein würfeln. Paprikaschote mit dem Kartoffelschäler schälen, halbieren und entkernen. Die Hälften in kleine Stücke schneiden. Alle Zutaten gut vermengen und leicht mit einer Gabel zerdrücken. Tomatenmark zusetzen. Salzen, pfeffern und mit Chilli-Powder abschmecken. Petersilie zusetzen. Vor dem Servieren gut kühlen.

 Tip: Für alle Cocktail-Profis gilt: Shake the shaker not yourself!

Summa summarum mit Chips und Dips: 25,50 Mark

22. Tag, Sonntag. Aldi für Waldi

Früher war das ja ganz anders. Da hat man den Hundchen das gegeben, was vom eigenen Essen übrigblieb. Sogar Kartoffelschalen haben sie gefressen. Heute sind sie verwöhnt. Was der ihre ist, der kleine Strolch, der Alex, der geht ja an ein Stück Graubrot schon gar nicht mehr ran. Schnuppert er und läßt es liegen. Dasselbe mit Schwarzbrot. Alles, was Frau Kowalski ißt, verschmäht er. Also ist sie ja gezwungen, dem Alex ein eigenes Futter zu besorgen; Bohnen frißt er auch nicht.

Vielleicht sind sie ja bloß vom vielen

Fernsehen verdorben; soll keiner sagen, Tiere bekämen nichts mit. Wenn Frau Kowalski fernsieht, sitzt der Hund immer neben ihr. Dann schwätzen sie ein bißchen oder wärmen einander. Sie erzählt ihm ja alles, und manchmal nickt der Alex, als hätte er sie verstanden.

Werbung möchte sie im Fernsehen am liebsten wegdrehen. Weil's blöd ist und wegen dem Hund. Im Werbefernsehen muß der Alex mit ansehen, was seine Artgenossen alles zu fressen kriegen, Happi für Hundi mit Filetstückchen! Filigrane Putenhäppchen an Sherrysößchen. Das merkt sich so ein Tier. Das will es dann auch. Da ist der Alex bei seinem Frauchen aber schief gewickelt; ein drei-Gang-Menü ist viel zu teuer. Ordinäres Futter kriegt er, kauft sie bei Aldi, da wird er auch von satt.

Jeden Sonntag schreibt Frau Kowalski einen Einkaufszettel. Kommt das Anzeigenblatt mit Aldis Sonderangebo-ten, guckt sie immer nach, ob was dabei ist. Zum Beispiel hatten sie letztens den Schmelzkäse im Angebot, statt 1,79 gab's den für 1,59. Kam dann gleich auf die Liste. Ja, sie muß sich alles aufschreiben und sich dann eisern daran halten, sonst wird's zu teuer. Ohne Zettel wird sie leichtsinnig, und dann ist schon wieder Geld ausgegeben!

Was immer zuoberst auf dem Zettel steht, ist halt das Futter für den Hund. Das Essen für den Alex. Ist ja kostspielig, so ein Tier, aber was will sie machen. Die Vorteile sind doch immens. Dreimal täglich um den Block mit ihm; sie hat schwere Beine, da täte sie sich bestimmt nicht aufraffen, müßte der Alex nicht raus.

Alex ist so alt wie das Frauchen, das er mit sich zieht. An jedem dritten Hauseingang müssen sie verschnaufen. Aber egal, wie müde sie selber ist, der Alex hat seinen Auslauf. Frau Kowalski hat ihn seit 13 Jahren und ist bei Regen,

Wind und Wetter mit ihm raus gegangen, ob sie krank war oder nicht. Da hat er natürlich Hunger, wenn er heim kommt. Auch wenn's bloß ein Aldi-Menü ist, ihr Alex ist noch immer satt geworden.

Wild mit Geflügel kriegt er, oder Geflügel mit Rind. »Premium-Qualität« haben sie mal dazu geschrieben, davon geht Frau Kowalski doch aus. Nicht auszudenken, hätte sich ein wahnsinniges Rind ins Hundefutter geschlichen. Er ist ja ihr bestes Stück, der Alex, den gibt sie freiwillig gar nicht her, auch nicht, wenn er bellt. Eigentlich darf der gar nicht so oft bellen, das mag der Hausbesitzer nicht. Wenn der Hund ständig Lärm macht, muß er weg, das hat er ihr schriftlich gegeben, aber bevor sie den Alex weggibt, bringt sie sich um.

Sie versucht es jetzt mit Hundesnacks. Die hat sie letztens beim Aldi entdeckt, so kleine Leckereien für den Hund. »Die tägliche Belohnung« haben sie dazugeschrieben, ja, das stimmt schon. So ein Snack ist für den Hund schon etwas besonderes, allein, weil's zwischendurch kommt. Außer der Reihe sozusagen. 12 Snacks sind in der Packung, und der Alex kriegt jetzt seinen Snack, wenn er mal ein paar Stunden nicht gekläfft hat. Andersrum: Bellt er zuviel, kriegt er keinen. So alt er auch ist, der Hund, das muß er sich doch merken können! Sie haben halt immer wieder Einfälle, die Leute von Aldi. Früher gab's nur Dosen. Jetzt gibt es Snacks. So sind die Zeiten.

22. Kirschenmichel

5 Brötchen
100 g Süßrahmbutter
³/₈ l Milch (milfina 3,5%)
125 g Zucker
4 frische Eier, Gewichtsklasse 4
Zimt
1 unbehandelte Zitrone
1 kg Süßkirschen
100 g Mandelblätter

Die Brötchen in dünne Scheiben schneiden und in 30 g Süßrahmbutter anrösten, mit der Milch übergießen und durchziehen lassen. Die restliche Butter mit Zucker, 4 Eigelb etwas Zimt und abgeriebener Zitronenschale schaumig rühren. Die Brötchenmasse nach und nach untermischen. Eiweiß zu Schnee schlagen, mit den entsteinten Kirschen vermengen und vorsichtig unter den Teig heben. In eine gut gefettete, mit Mandeln ausgestreute Auflaufform geben und bei 180 Grad im Backofen 50 Minuten backen.

Dazu paßt: 1996er Frankenberger Schloßstück, Müller-Thurgau Kabinett, 10%, Qualitätswein mit Prädikat, halbtrocken.

Tip: Eischnee gelingt leichter, wenn man eine Prise Salz zusetzt.

Summa summarum
mit Wein: 9,80 Mark

23. Tag, Montag. Stoff

Können wir es wagen, zu einem kleinen Empfang Aldi-Sekt zu reichen? Ratlos stehen wir vor den Regalen.

Es gibt große Fans von Aldi-Sekt, die finden ihn *echt klasse*. Andere finden später ihren Kopf nicht mehr. Das ist ein süßes Zeug, wendet jemand ein, von verkrachten Winzern billig aufgekaufte Brause.

Nie und nimmer! Scharf ist der Protest des bekennenden Aldi-Sekttrinkers, scharf und laut. Ganz im Gegenteil holt Aldi sich Produkte von besten Lieferanten, bloß bleiben sie manchmal anonym, die Lieferanten. Die segeln dann gleichsam unter fremder Flagge.

Aha, das C & A-Prinzip –

Nein, das C & A-Prinzip ist in Wirklichkeit das Aldi-Prinzip.

Ah so. Also, wenn Karl Lagerfeld, wie das Gerücht geht, bei C & A der Marke »Incognito« vorangeht –

– ist Aldis Kaffee, geht das Gerücht, mindestens von der Sorte Krönung Wunderbar!

Sach bloß!

Mindestens! Oder so ähnlich. Heißt nur anders.

Echt?

Mer waas es net. Mer munkelt's nur. Nix bewiesen.

Und der Sekt? Der Sekt ist klasse,

wiederholt der Bekenner, spritzig, witzig, trocken. Wahrscheinlich eine Marke, bei der du sonst das Doppelte –

– aber mindestens!

Wir könnten natürlich auch den Wodka –

Wir grübeln, haben wir doch letztens den Kollegen F. so wunderbar beschwipst erlebt, so heiter reflektierend über Land und Leute, haben wir doch insgesamt die ganze Fete des Kollegen F. als gelungen empfunden –

Wodka, sagt F. Und kalifornischer Rotwein dazu. Von Aldi. 7,99. Bestes Stöffche!

Sibbe-neununneunzich? Vor uns eine Pensionärin mit einem kleinen Karton in der Hand. Multivitaminsaft. Von Aldi, 99 Pfennig. Sie sagt, wenn sie den morgens nüchtern trinkt, kann sie gleich aufs Klo. Wichtig in ihrem Alter. Und der schmeckt! Kauft sie sibbe Stick uff aane Schlach, für jeden Tag so'n Kartönnche Multivitaminsaft. Sie zeigt uns ihren Wagen: tatsächlich voller Multivitaminsaft. Gesund und munter wirkt sie, mobil und dynamisch! Multivitaminsaft für 99 Pfennig. Den nehmen wir jetzt! Aber locker. Und nehmen den Wodka auch noch mit.

23. Wodkapfanne mit Reis

750 g Putenfleisch ohne Knochen
60 g Süßrahmbutter
2 Zwiebeln

2 große (3 kleine) Bananen
1/4 l Wodka
Salz

frisch gemahlener schwarzer Pfeffer
Curry
400 g Schlagsahne (milfina)
200 g Langkorn Parboiled USA-Reis
¹/₄ TL Kreuzkümmel (Cumin)

Das Putenfleisch in ¹/₂ cm dicke Streifen schneiden und mit ³/₄ der Buttermenge anbraten und in einer ausgebutterten Auflaufform verteilen. Mit dem Rest Butter die kleingehackten Zwiebeln anbraten, und mit Wodka ablöschen. Bananenscheiben dazugeben, mit Gewürzen und Sahne abschmecken. Das Gemisch über das Putenfleisch geben und bei 150 Grad 45 Minuten im Backofen garen. Reis nach Packungsvorschrift kochen. Anschließend Kreuzkümmel untermengen.

Tip: Kreuzkümmel (Cumin) schmeckt noch intensiver, wenn man ihn im Mörser leicht anreibt!

Dazu paßt: Bourgogne Blanc, Appellation Bourgogne Controlée, 12,5%, 1995.

Summa summarum mit Wein: 15,90 Mark

24. Tag, Dienstag. Schlimm, schlimm

Im Aldi-Reich geht es friedlich zu. Selten, daß sich die Kundschaft dort die Köpfe einschlägt, einander meuchelt oder gar gehässige Botschaften austauscht. Auch drängeln, schubsen, treten und ähnliche Varianten deutscher Einkaufsrituale haben wir kaum je erlebt. Hier und da jedoch bricht Verdrossenheit sich Bahn, dann gibt es Stunk. Der Anlaß liegt im Lauf der Welt; »die Ausländer«, mosert ein Kunde, »schleppen das Zeug in Kisten weg!«

Wie das? Ein junger Mann mit dunklen Locken wurde beobachtet, wie er sich den Einkaufswagen mit O-Saft belud. Viel Saft, viel Kraft. Das ist zweckmäßig, nährt aber bisweilen den Verdacht, das deutsche Volk werde ausgeplündert.

»Was mache die mit all dem Zeug?« begehrt der Kunde zu wissen. Diese Frage stellt er gewissermaßen in den Raum, in den karg ausstaffierten Verkaufsraum der Firma Albrecht GmbH & Co KG.

Keine Antwort. Doch hat der Kunde inzwischen Polen entdeckt, ganze Haufen Polen. Da macht er plötzlich einen Satz, sonst kriegt er kein Brot mehr beim Aldi und dereinst wird in der Bildzeitung stehen: »Deutscher (48) elend verhungert! Polen nahmen ihm das Brot! Seine letzten Worte: ›War hoffentlich verschimmelt!‹« Oder aber er kommt mit dem Leben davon, dann geht er zu Pastor Fliege in die Talkshow und sagt: »Es ist immer das Rosinenbrot für 2 Mark 79, wo die Polen sich holen. Polen! Das muß doch mal gesagt werden!«

»Wir sollten drüber reden«, wird Pastor Fliege dann antworten und einen anderen Gast zu Rate ziehen, der darüber talkt, wie die Griechen immer das ganze Büchsenfleisch – und was machen die damit?

Na, und dann die Jugend. Das ist auch so ein trauriges Kapitel. Hat die Jugend ihren Lauf, gerät die alte Dame, Stammkundin seit Menschengedenken, in betrübliche Stimmung. Hat die Jugend ihren Lauf, also beispielsweise radelnd auf der Fußgängerzone, ist die alte Dame manches Mal nur knapp am Herzanfall vorbeigeschrammt; erzählt mir also nix über junge Leut'!

Rücksichtslos, ungehobelt und jetzt auch noch beim Aldi. Nicht zu fassen. Jugend! Gleich im Doppelpack.

Nun ja, Aldi hat diese Woche Inline-Skater.

Aldi hat *was?*

Hier sind sie, fixe Dinger. »Gut belüftet«, informiert Aldi, »anatomisch geformter Schalenstiefel mit drei Schnallen.«

Was wollen zwei Buben mit drei Schnallen?

Na, hören Sie mal! »Innenschuh mit gepolsterter Zunge. Abgedichtete Kugellager.« 49,90.

Was wollen die mit Kugellagern? Da kann doch kein Mensch drauf laufen.

Lärmend prüft die Jugend das Gewicht der Skater, und die alte Dame zürnt ob der Geräuschkulisse. Noch nicht einmal beim Aldi hat man seinen Frieden. Sie weiß immer noch nicht recht – sind das Rollschuhe? Nein, früher ist sie selber Rollschuh gelaufen, mit diesen Dingern könnte sie keinen Schritt – aha, Schlittschuhe sind das! Nein, Schlittschuhe haben nur Kufen. Diese Dinge haben die Rollen von den Rollschuhen unter den Kufen von den Schlittschuhen, da soll ein Mensch sich auskennen.

Na, und dann diese Jungjugend, noch schlimmer als die eigentliche Jugend. Die Kinner, die Bälger, die Pänz! Gelegentlich gibt es kleine Zusammenstöße, wenn auf den Einkaufswagen geparkte, quengelnde, jaulende und tobende Kinderchen ihrer Langeweile Ausdruck verleihen, indem sie quengeln, jaulen oder toben. Kann man doch in Ruhe nicht – »also, stellen Sie doch mal Ihr Kind ab!«

Ganz zu schweigen von manchen Mitbürgerinnen, die das Gesicht so arg verschleiern – also, finden die, was die suchen? Die sehen doch nix. Die müßten doch theoretisch – müßten ihr Dings da wegziehen, um die Preise zu erkennen. Praktisch lupfen. Aber, ach was, die wissen blind, wo's was für billig gibt. Siehste? Langen die hin. Aber ordentlich.

Ja, unser stänkernder Kunde ist noch immer da, während die alte Dame aussieht, als würde sie gern einmal so einen Inline Skater ausprobieren. Ist sie vielleicht schneller daheim. Zwei Gören auf'm Wagen, mosert indes der quengelnde Kunde, und's dritte im Bauch.

»Meinen Sie mich?« fragt indigniert die alte Dame.

»Ach, hör'n Se uff!«

24. Brownies (mit Eiskaffee)

400 g edel-herbe Schokolade
(Choceur)
400 g Zucker
400 g Süßrahmbutter
6 Eier
5 EL Qualitätsweizenmehl
(Sonnenstrahl) Typ 405
4 Espressoportionen Kaffee
(Albrecht extra)
8 Eiswürfcl, Zuckcr
200 g Schlagsahne (milfina)
150 g Cashewkerne

Schokoladentafeln grob zerstückeln und mit einem Schuß Wasser im Topf schmelzen lassen. Angegebene Menge Butter dazugeben, und ebenfalls langsam zergehen lassen. In der Zwischenzeit Eier trennen und Eiweiß mit dem Elektroquirl steifschlagen. Eigelb mit Zucker schaumig schlagen. Nacheinander Mehl und steifgeschlagenes Eiweiß in die Eigelb-Zucker-Masse rühren und locker unter die warme Schokomasse heben. Cashewkerne grob mit der Hand zerkleinern und ebenfalls unterheben. Backblech mit Backpapier auslegen und die Masse gleichmäßig darauf verteilen. 30 bis 40 Minuten bei 200 Grad im vorgewärmten Backofen backen. Nach 20 Minuten den Streichholztest machen: Sind die Brownies gar, klebt keine Schokomasse mehr am Streichholz. Nach Ende der Backzeit gleich mit einem feuchten Messer in Quadrate oder Rhomben schneiden, auskühlen lassen und vom Backpapier heben.

In der Zwischenzeit 4 frischgebrühte Espresso-Portionen Kaffee mit den Eiswürfeln, einem halben Glas Sahne und etwas Zucker im Mixer zu Schaum aufschlagen. Gleichmäßig auf Gläser verteilen.

✌ Tip: Besser als Amaroy-Kaffee extra schmeckt italienischer Espresso aus der Maschine. Und die Deluxe-Version des Eiskaffees erhält man durch Aufgießen des Espressoschaums auf jeweils eine Kugel Vanilleeis unter Verzicht von Zucker und Sahne.

Summa summarum mit Eiskaffee: 10,80 Mark

25. Tag, Mittwoch. Wie peinlich!

Es ist erstaunlich. Immer wieder entdecken wir unter Aldis Kunden solche, die den Gang der Dinge stören. Nicht daß sie es mit Absicht täten; es geschieht einfach. Sorgfältig eingekleidete Menschen gehören mitunter dazu, die zu jener Spezies gehören, welche der Volksmund Besserverdienende heißt. Nicht daß sie böswillig wären. Nach Jahren bei Feinkost-Käfer, Plöger oder Dallmayr stehen sie jetzt fest auf dem Standpunkt, daß es ganz witzig ist, sich durch Kisten und Kartons zu wühlen, um gewisse Produkte, die ja nicht die schlechtesten sind, gleichsam für'n Appel und'n Ei – jedenfalls, sie schlendern. Sie lustwandeln geradezu. Als faßten sie nicht, was sie zu sehen bekommen, bleiben sie hin und wieder stehen, gucken lange auf einen Butterberg, bevor sie sich ein Pfündchen davon nehmen. Überhöflich springen sie zur Seite, wenn Stammkundschaft ihren Einkaufswagen mit resolutem Schritt des Weges rollt; bloß nicht anecken.

»Sagen Sie, wo ist denn die Nutella?« will so ein Aldi-fremder Mensch von der Kassiererin wissen.

»Im Supermarkt.«

»Jaaa –« Gehetzter Blick von links nach rechts; wo bin ich? Aldi ist kein Supermarkt. Das darf man nicht vergessen.

»Nutoka«, hilft eine freundliche Stammkundin weiter.

Der neue Kunde lächelt mild; die gute Frau ist in Dutzende fremder Gewänder gehüllt und mit deutschen Sitten und Gebräuchen nicht so recht – »Nutella«, korrigiert er nachsichtig.

»Nutoka!« Die Stammkundin deutet auf eine Kiste, und siehe: Nutoka. Nuß-Nougat-Creme, 400-Gramm-Glas. Billiger als N . . .

»Ach«, sagt der Neue. Na, sieh mal an. Das ist ja toll.

Das ist doch Scheiße! Ja, es gibt auch jene. Es passiert ihnen ein Mißgeschick, und die ganze Welt hat es verschuldet. Jener Mitbürger, welcher in einer innerstädtischen Filiale zur Stoßzeit sieben sonderangebotene Packungen Pizza mit knusprig-dünnem Boden an sich nahm, noch schnell ein halbes Pfund Margarine und ein bißchen abgepackt

98

ten Aufschnitt draufpackte, alles zur Kasse balancierte und kurz vor dem Ziel eine unbedachte Bewegung machte, wird es hinterher bereut haben. Denn plötzlich hat es *bumm* gemacht. Ein dumpfer Schlag, und da steht er nun, hält eine Pizza-Packung noch in Händen (»Außen kross und innen zart«) und guckt so empört, als hätte ihm ein gehässiger Mitmensch mutwillig die Naturalien aus den Händen gerissen.

Hinter ihm stockt die Masse. »Tja«, sagt einer vielsagend.

»Das ist jetzt Pech«, ist ebenfalls zu hören.

»Sind doch Wagen da«, gibt eine andere zu bedenken.

Der verhinderte Jongleur sammelt alles wieder auf, und als es ihm dann erneut ins Rutschen gerät, werden die Kinder aufmerksam, die, von rücksichtslosen Erzeugern zum Einkauf mitgeschleppt, Kurzweil aller Art ersehnen. Manchmal sorgen sie auch selbst dafür.

So machte sich so ein gelangweiltes Balg an die Arbeit, von Aldis 100-Stück-Packung ungebleichter Filtertüten eine Ecke abzureißen. Es tat das mit Bedacht. Es war nicht irgendeine Ecke. Diese Ecke war beschriftet. Und mit großer Umsicht plazierte dieses aufgeweckte Kind sie auf die Hutkrempe einer sich bückenden Dame, die daraufhin eine kleine Botschaft mit sich trug:

Das Kind lächelte zufrieden. Keine Ursache.

25. Lauch-Omelett mit Lachs

8 Eier, Gewichtsklasse 4
4 EL kaltgepresstes Olivenöl,
extra vergine (Lorena)
200 g Räucherlachs (Salmo salar)
1 Bund Frühlingszwiebeln
2 EL Süßrahmbutter
4 EL Mineralwasser
Salz
frisch gemahlener schwarzer Pfeffer
1 Stangenweißbrot

Frühlingszwiebeln waschen, putzen und in schräge Streifen schneiden. Olivenöl in der Pfanne erhitzen und die Frühlingszwiebeln leicht anbräunen (4 Minuten). Salzen, Pfeffern und aus der Pfanne nehmen.

Die Eier mit 4 EL Mineralwasser, Salz und Pfeffer im Mixer verquirlen. Butter in der Pfanne erhitzen und aus der Menge vier Omelettes beidseitig knusprig braun backen. Die gedünsteten Frühlingszwiebeln und die Lachsscheiben auf den Omeletts verteilen und mit getoasteten Weißbrotscheiben servieren.

Dazu passen: Gutgekühlter Pino Grigio D.O.C., 1996 oder Bourgogne Blanc, Appellation Bourgogne Controlée, 12,5%, 1996.

Tip: Handfester, aber nicht weniger schmackhaft wird das Omelett durch Hinzufügen von Kartoffelscheiben. Zu diesem Zweck werden 2 Kartoffeln geschält, gewaschen, in sehr feine

Scheiben geschnitten und mit den Frühlingszwiebeln (eine kleine Menge zum Garnieren zurückbehalten) angebraten und in ca. 15 Minuten in der Pfanne weichgegart. Auf jeweils ¼ der Kartoffel – Zwiebelmenge wird der Eierschaum gegeben und daraus vier kräftige Tortillas gebacken. Mit Lachs und den restlichen Frühlingszwiebeln anrichten.

Summa summarum: 12,80 Mark

26. Tag, Donnerstag. Dreizehnfuffzig

Also, das sind jetzt 13,50. Müßte reichen. War bißchen mehr heut morgen, aber paar Pfennige sind für die Bildzeitung draufgegangen, na ja. Kommt man auf andere Gedanken. Jetzt gucken; der alte Mann hat die Brille schon auf der Nase, nimmt sie aber noch einmal ab, um sie zu putzen. Woll'n doch mal sehen, ob sie wieder was billiger haben.

Haben sie. Aldi bereitet uns ja nicht nur mit seinen Sonderposten einen wöchentlich wechselnden Spaß. Auch ausgewählte Produkte aus dem normalen Sortiment setzen sie herunter. Diesmal ist es die Margarine; zehn Pfennig billiger als letzte Woche. Na also. Um eine Mark herabgesetzt der Kalk-Stop Ultra, aber so was braucht er nicht, wäscht alle zwei Tage mit der Hand, hat gar keine Maschine, die am Kalk zugrunde gehen könnte. Er selbst vielleicht, na ja. Er selbst, wollen mal *so* sagen, wird mit der Zeit ja eine Kleinigkeit vergeßlich.

Margarine packt er ein und Brot für 2,79, das sind schon mal gut vier Mark.

Büchsenfleisch. Nein, lieber nicht. Wird ihm dann doch zu teuer. Na ja, die Rente. Die Rente könnte wirklich höher sein, das stimmt. Doch namentlich sein Vermieter könnte sich mäßigen, die Miete frißt ja praktisch alles auf. Macht man also keine großen Sprünge, läßt das Büchsenfleisch doch besser liegen.

So billig sind sie ja nun auch nicht. Likör-Pralinen 3,98, was sagt man dazu? Er ist ja froh, noch seine eigene Wohnung zu haben, da nimmt man auch die Miete gern in Kauf. Niemals ins Heim, da dreht er vorher das Gas auf. Oder vielmehr nimmt er, weil sie ja ungiftiges Gas jetzt haben, nimmt er lieber den Strick. Jedenfalls niemals ins Heim, denn so ein Altersheim macht blöd.

Was soll er im Heim? Zu Hause hat er nette Nachbarn, die grüßen freundlich, alles junge Leute. Einmal wöchentlich kommt der Sohn, und wenn er nicht kann, ruft er doch wenigstens an.

Rotkohl! Ja, das ist was Feines. »Küchenfertig«, also richtig gewürzt. Damit hat er Schwierigkeiten, mit dem Würzen, hat ja nie gekocht, bis die liebe Frau ihm weggestorben ist nach 45 Jahren. Rotkohl, 79 Pfennig. Könnte man Würstchen zu machen, Würstchen im Glas, 2,98. Orangensaft für die Gesundheit und Reis zum Sattwerden, vielleicht noch für abends vor dem Fernseher ein Glas eingelegte Gurken. Jetzt sind es 11 Mark 62, jetzt muß er vorsichtig sein.

Die Preise tippt er verstohlen in einen kleinen Taschenrechner, weil er sich an der Kasse nicht blamieren will. Wer ist schon gut im Kopfrechnen? Steht man dann da, hat sich verrechnet und muß sagen, daß man *soviel* nun gar nicht bei sich hat. Lieber gewappnet sein. Dreizehnfuffzig. Muß reichen.

Ja, das Einkaufsgeld teilt er sich ein. Muß er. Von der Miete gehen Strom und Gas und Telefon ab, Telefon wird ja auch immer teurer. Wenn er streng spart, kommt er gut über die Runden. Da kann man sich dreimal die Woche die Bildzeitung gönnen oder beim Aldi die Quarkcreme, sein Lieblingsessen. gewissermaßen.

Vanillegeschmack, er nimmt nur die Quarkcreme mit Vanillegeschmack, die für 99 Pfennig. Der Thunfisch ist aber auch ziemlich lecker. Na ja, wenn man so daheim sitzt und wenig Ansprache hat, kriegt man schon mal die Fresseritis, stopft man Zeug in sich herein, wovon's einem hinterher bissi schlecht wird. Futtert man und guckt aus'm Fenster dabei. Na gut, Thunfisch in der Dose kostet bloß 1,29 und hält ziemlich lange vor. So ein Fisch –

Obacht, jetzt ist er drüber! Herrjeh, jetzt sind es 13,90! Wie gut, daß er den Taschenrechner hat! Das ist jetzt dumm: 40 Pfennig zuviel. So, na ja, dann muß halt wieder was raus. Der Thunfisch? Aber der macht so lange satt, wenn er den mittags ißt, reicht es bis zum nächsten Morgen. Die Vanillecreme? Nix, man soll sich auch was gönnen. Na gut, dann halt der Orangensaft. Wer braucht in seinem Alter Vitamine?

»Moin«, sagt die Kassiererin, »was hammer denn?« Mit fliegenden Fingern tippt sie alles ein: »Macht 12 Mark 61.«

Siehste. Sogar noch was gespart.

26. Heringssalat (mit Bratkartoffeln)

400 g Sahne-Heringsfilets (Almare),
fertig zubereitet
300 g Heringsfilets ohne Haut (Almare)
$^1/_2$ Gemüsezwiebel oder
2 kleine Zwiebeln
2 säuerliche Äpfel, (amerikanischer
Braeburn)
2 Essiggurken (Gartenkrone)
Salz
weißer Pfeffer gemahlen
1 Prise Zucker
1 Zitrone
200 g Schmand (Rote Kuh)
Butter zum Braten
500 g Kartoffeln vom Vortag

Zwiebeln und Äpfel schälen. Zwiebeln in feine Ringe schneiden. Äpfel vierteln, entkernen und in dünne Scheiben schneiden. Gurken kleinschneiden.

Heringsfilets kurz unter kaltem Wasser abspülen, in mundgerechte Stücke schneiden. Zitronensaft, Schmand, Salz, Pfeffer unter den fertigen Sahne-Filets-Mix mischen. Alle anderen Beigaben untermengen.

Kartoffeln vom Vortag in Scheiben schneiden und goldbraun in Butter braten.

Wein: Grüner Veltliner, 1996 trocken, gut gekühlt (7 Grad)

Tip: Noch zarter werden Matjes-Filets im Geschmack, wenn sie mindestens 30 Minuten in zwei Drittel Wasser und ein Drittel Milch marinieren. Frischer Schnittlauch gibt den rohen Fischfilets noch einen zusätzlich Gusto-Kick. Übrigens: Rest-Heringe bleiben bedenkenlos zwei weitere Tage im Kühlschrank frisch und knackig.

Summa summarum mit Wein: 12,50 Mark

27. Tag, Freitag. Das Schnäppchen als solches

So gehen die Aldi-Tage dahin und werden nur selten durch Zerwürfnisse verdunkelt. Woran liegt das? Besonnen schieben die Leute ihre Wagen, ganz gefangen von dem Unternehmen, Sonderposten auszuspähen oder solche Lebensmittel zu erbeuten, welche »herabgesetzt« eine ganz neue Qualität erhalten.

Herabgesetzt – ein magisches Wort. Ein herabgesetzter Damenhüftslip (Feinripp, kochfest) ist kein Hüftslip, welcher im Ansehen der Kundinnenschaft gesunken wäre. Desgleichen wird eine herabgesetzte Edelsalami nun nicht plötzlich in einen unedlen Zustand der Fäulnis übergegangen sein. Gibt Aldi den Preis für die Edelsalami mit 5,98 an, um diesen Betrag sogleich energisch durchzustreichen und 5,59 danebenzuschreiben, dann haben wir das klassische Beispiel einer herabgesetzten Wurst. 39 Pfennig! Ergattert man herabgesetzte Ware, welche edel ist, hat man ein Schnäppchen gemacht.

So ein Schnäppchen wiederum hat

eine besondere Bedeutung. Frau Zuber beispielsweise findet gar keinen Gefallen an einer Dose zarter Heringsfilets in Mango-Pfeffer-Creme »für anspruchsvolle Genießer«. Erst wenn sich diese Dose in einem herabgesetzten Zustand befindet, wird sie für Frau Zuber interessant. Erst dann greift sie zu, beschert ihr doch ein *herabgesetztes* Heringsfilet in Mango-Pfeffer-Creme das warme Triumphgefühl, Geld gespart zu haben. Derart bevölkert von Menschen, die das eine oder andere Schnäppchen machen, überwiegt im Aldi-Reich die Harmonie.

Mit Schnäppchen lassen sich Dinge des Lebens lösen, Einrichtungsfragen beispielsweise. Selbstredend braucht es dazu das *richtige* Schnäppchen. Kosten die Mini Dickmanns 2,98 statt 3,29, ist das nicht halb so ein Schnäppchen wie der Sonderposten Farbfernseher für 398 Mark (incl. Bedienungsanleitung). Der Fernseher wiederum läßt sich auf einem Massivholz-Servierwagen unterbringen (incl. Montageanleitung), der nicht nur für 49,90 das Rennen macht (Massivholz!), sondern auch noch platzsparend zusammenklappt – hoffentlich nicht unterm Fernseher. Unsere Videosammlung können wir auf das Wohnregal »Luis« wuchten, das wir für nicht einmal 50 Mark erwerben, und stellen wir daneben noch einen Rhododendron-Busch für schlappe 15,98 (incl. Pflegeanleitung) auf, macht sich das ganz allerliebst. Das ist das Schnäppchen in Reinkultur.

Karl Albrecht, unser Aldi-Mann des Südens, wird im Badischen, wo er auf einer Million Quadratmeter (incl. Golfplatz) wohnt, mit dem Regal »Luis« sicher nicht auskommen (88 x 70 x 38 cm). Ein echtes Schnäppchen aber hat er möglicherweise mit den zehn Öltanks gemacht, die er, nach Enthüllungen der *Wirtschaftswoche* bei sich daheim verbaggern ließ. Rund eine Million Liter Volumen: die nächste Ölkrise kommt so sicher wie jene Krise, die Helga Zuber immer zum Monatsende befällt, wenn die Haushaltskasse ihr die Zunge zeigt.

Dank einem Schnäppchen gilt es dann, der bösen Welt ein Schnippchen zu schlagen. Karl macht das genauso.

27. Dickmann's aus der Mikrowelle (mit englischer Crème)

4 Dickmänner mit dunkler Schokolade
(oder 8 Minis)
4 frische Eigelb
¼ l H-Vollmilch
1 Vanillestange
125 g Puderzucker

Für die Crème:
Aufgeschlitzte Vanillestange in der erhitzten Milch ziehen lassen. Vanillemark mit einem spitzen Messer auslösen, in der Milch auflösen und Schote entfernen. Eigelb und Zucker mit einem Rührbesen gut vermengen. Milch langsam mit einem Holzlöffel unterrühren und weiter erwärmen. Unter keinen Umständen kochen lassen, da sonst die Crème sofort gerinnt. Solange rühren bis am Holzspatel die Creme eine dünne Haut bildet. Sofort vom Feuer nehmen und kaltrühren, damit sich keine Haut bildet. Im Kühlschrank aufbewahren.

Pro Person 1 Dickmann (bzw. 2 Minis) in die Mitte eines kleinen microwellentauglichen Desserttellers plazieren. Ca. 10-15 Sek. in der Microwelle leicht aufgehen lassen, bis sie sich etwa im Volumen verdoppelt haben und die Schokolade zu schmelzen beginnt.

Herausnehmen und die kalte englische Crème rundherum angießen.

🌱 Tip: Rezept an einem Dickmann ausprobieren, denn die Microwellengeräte haben unterschiedliche Einstellungen.

Keine Vanillestange zur Hand? Einfach durch 2 Tütchen Vanillezucker (möglichst mit echter Bourbonvanille) ersetzen. Kein Puderzucker im Haus? Der Haushaltsmixer bekommt auch normalen Zucker klein.

Digestif: Italienischer Grappa Cavone

Summa summarum mit Digestif: 10,20 Mark

28. Tag, Samstag. Platz! Die Berufstätigen

Und dann gibt es doch ein bißchen Stunk. Stunk (Unbill, Scherereien) gibt es im deutschen Lebensmittelhandel einmal wöchentlich, das ist bei Aldi genauso wie bei Tengelmann. Also, was so ein Rentner ist, der könnte doch –

Hausfrauen auch!

Stimmt. Hausfrauen und Rentner – also, nichts gegen Hausfrauen und Rentner – aber die haben doch die ganze Woche lang Zeit, nicht wahr?

Richtig.

Hausfrauen und Rentner müssen nicht am Samstag kommen, wenn die Berufstätigen –

Müssen sie nicht.

Korrekt.

Samstags kommen also die Berufstätigen. Der Samstag gehört ihnen. Die Berufstätigen stellen jenen quengelnden

Anteil an der Gesamtbevölkerung, welcher pausenlos betont, daß er zu den Berufstätigen gehört. Ein Völkchen ohne Raum. Immer schon welche da, die nix schaffe. Zur selben Zeit unterwegs! Sehen die Berufstätigen jemanden, der allem Anschein nach nicht berufstätig ist und trotzdem draußen, kriegen sie das Kribbeln unterm Haaransatz.

Denn es ist ja eine Bodenlosigkeit! Die Berufstätigen brauchen Gemüse aller Art, Reis und Räucherlachs (diese Woche 61 Pfennig billiger!). Sie brauchen Müllbeutel und Kirsch-Pralinen in feiner Zartbitter-Schokolade. Sonnenblumen-Margarine! Kalk-Stop ultra! All das müssen sie sich am Samstag beschaffen, und dann haben sie im Laden so ein Frauchen vor sich – guter Gott! Frauchen mit Gesundheitsschuhen. Am Samstag! Viel zu langsam auf diesen Schuhen unterwegs, greift in einem Tempo nach den Waren, als müsse alles gründlich durchdacht werden, bissi

Brot! Halben Liter Milch, Büchsje Himbeeren, gezuckert, paar Äppelche (viel braucht mer ja net), bissi zu trinke – hinter ihr Berufstätige. Vor ihr auch; siehste das? Kommt nicht vom Fleck, die Oma, kriegt's nicht auf die Reihe. Hat jeden Tag der Woche Zeit, wann kommt se?

Samstags! Zur Stoßzeit.

Braucht vielleicht Gesellschaft.

Ja, du *lieber* Gott, so'n Laden ist doch keine Sozialstation.

Die Berufstätigen empören sich den halben Samstag lang. Sie empören sich dergestalt, daß sie die Hälfte schon wieder vergessen haben. An der Kasse fällt es ihnen ein, ach du Schreck, da war doch noch – richtig, da war der Wein.

Doch welcher war es gleich?

»Ein Momentchen noch«, beruhigen sie die gequälte Kassiererin (sie ist den ganzen Samstag lang berufstätig!), lassen sie mit den halb eingetippten Waren sitzen und huschen zu den Spirituosen zurück. 1993er Château? Doch ein wenig teuer, wenn man bedenkt – aber immerhin: Bordeaux A.C. Cru Bourgeois!

Aha, aha – du sagemal, was heißt'n das?

Egal. Wie wär's denn mit mazedonischem Rotwein?

Zu süß.

Ah, da ist er ja, 96er Rioja, knappe vier Mark, na, da kannste doch nix – drei Flaschen oder vier?

Als sie japsend mit den Flaschen zur Kasse zurückkommen, mault die Rentnerin: »Na, das wird ja auch mal Zeit. Sie halten ja'n ganzen Betrieb auf.«

Auch noch frech werden! Darauf haben die Berufstätigen jetzt aber gewartet. Die ganze knüppelharte Woche lang sind sie berufstätig, ja, sie *haben* ja praktisch nur den Samstag, während diese Rentner, diese Hausfrauen aller Art (desgleichen diese merkwürdigen Hausmänner), während mithin diese Stellungslosen sich gehässigerweise diesen einen Tag aussuchen, um alle Läden zu verstopfen – also, das geht denn doch entschieden zu weit. Jetzt haben sie (Himmelarschundzwirn) vergessen, nach dem Sonderposten »Oma Martha's Backmischungen« zu gucken, so sehr nervt sie dieses pensionierte Gesindel, das nun ausgerechnet am Samstag –

»Akzeptieren Sie Kreditkarten?« fragen sie die Kassiererin.

»Samstag«, erzählt die schwergeprüfte Kassenfrau, »ist der allerschlimmste Tag.«

28. Salat Surprise (mit Sourcream)

500 g frischer Spargel (nach Saison)
500 g Erdbeeren
1 Kopf grüner Salat
1 Zitrone
200 g Schmand (Rote Kuh)
100 g Schlagsahne (milfina)
1 Bd großblättrige Petersilie
Salz
eine Prise Zucker
frisch gemahlener schwarzer Pfeffer
4 Scheiben Toastbrot
4 TL Pflanzenmargarine (Bellasan)

Spargel waschen, vom Kopf her schälen. In einem großen, flachen Topf Wasser mit Salz, einer Prise Zucker und Butter zum Kochen bringen. Spargel reingeben, sprudelnd aufkochen und weitere 15-20 Minuten bei kleiner Flamme garen lassen. Erdbeeren waschen, putzen und halbieren. Salat waschen, Mittelrippen rausschneiden und in mundgerechte Stücke zerpflücken. Spargel abgießen und auskühlen lassen. Die Stangen in 3 cm lange Stücke schneiden. Salat, Spargel und Erdbeeren locker mischen und auf Teller verteilen. Aus Zitronensaft, Joghurt und Sahne ein sämiges Dressing herstellen, salzen, pfeffern und feingewiegte Petersilie unterrühren. Über den Salat geben. Toastscheiben rösten, buttern und dazu servieren.

Tip: Egal, woher der Spargel kommt, frisch sollte er in jedem Fall sein. Die Schnittenden dürfen weder ausgedörrt noch brüchig sein, sondern saftig! Der Blick unter die Verpackung lohnt, denn je frischer der Spargel, umso dünner läßt er sich schälen, am besten mit einem scharfen Küchenmesser.

Dazu passen gut gekühlte Weißweine wie Gavi, D.O.C. 1996 oder Pinot Grigio, D.O.C., 1996.

Summa summarum mit Wein: 21,50 Mark

29. Tag, Sonntag. Mit Hochdruck

Wie geht's Frau Zuber? Gestern ging's noch. Geht halt immer so weiter. Große Wäsche gemacht, alle sieben Sachen verfärbt. Also, da ist ihr so was Dunkelblaues in die Maschine geraten, das sollte da gar nicht hinein. Aber wie das halt so ist: Das Dunkelblaue hat dann gehässigerweise Zubers weiße Unterhemden verfärbt. Aber immerhin: gleichmäßig verfärbt, schön großflächig und ohne Flecken. Jetzt hat er hellblaue Unterhemden, der Paul, jetzt sagt er natürlich, die zieht er nicht mehr an.

Als würde *ein* Mensch darauf achten, was der Paul für Unterwäsche trägt!

Sonntags könnte sie ja ausschlafen. Sie könnte – aber sie kann nicht. Offen gesagt, ist es dieses Gebimmel! Wenn sich am frühen Sonntagmorgen alle Pfarrer an die Kirchenglocken hängen, um das Stadtviertel mit einem Höllenlärm zu überziehen, ist es um Helga Zubers Sonntagsschlaf geschehen. Sollen doch mal am eigenen Gebimmel spielen, die Herren Pastoren, täte ihnen vielleicht ganz gut. Aber sie will ja nichts gesagt haben.

Paul Zuber erwägt derweil die Argumente, welche für die Anschaffung eines Hochdruckreinigers sprechen. Aldi hat so ein Ding inseriert, 199 Mark. Also keine 200! Nur für kurze Zeit. 1,75 KW Motorleistung, Fördermenge 7 Liter die Minute.

»Jesus«, sagt Frau Zuber. »Du bohrst doch net in Texas nach Erdöl!«

So ein Hochdruckreiniger ist aktive Hygiene. Seit Zuber gelesen hat, daß ein Millionenheer tückischer Hausstaubmilben einen durchschnittlichen Haushalt bewohnt, kribbelt es ihm am ganzen Körper. Diese Milben halten sich ja nicht nur im Teppich auf, dort aber besonders gern. Und da gewöhnliches Saugen die Biester schon gar nicht mehr schreckt, könnte ein Hochdruckreiniger ihnen Dampf machen. Auf 60 Grad erhitzt der das Wasser, das müßte den Hausstaubmilben doch zu denken geben!

Ja, wie gesagt, nicht nur im Teppich halten sich die Milben auf. Auch – Paul Zuber schließt kurz die Augen – auch im Bett.

»Mit nem Hochdruckreiniger ins Bett!« Helga Zuber hat gerade des Gatten neue hellblaue Unterwäsche einer letzten Prüfung unterzogen und sie für durchaus tragbar befunden – jetzt hebt sie ruckartig den Kopf. »Das kannste doch net mache!«

Hunderttausende, gibt Zuber zu bedenken. Hunderttausend Milben in der Matratze!

»Ja, aber du kannst doch net mit nem Hochdruckreiniger – nachher hammer kaa Matratz' mehr!«

»Spritzpistole mit Stahlrohr!« zitiert Zuber Aldis Inserat. »Fahrgestell mit abnehmbarem Handgriff!«

Helga Zuber reißt dem Gatten die Zeitung aus der Hand und wird umgehend fündig. Denn da gibt es auch noch einen Arbeits-Overall aus reiner Baumwolle, mit Gummizug, 19,98. Das ist doch ein echtes Angebot! Denn, mal ehrlich: wenn der Paul schon mit so einem gigantischen Kraftprotz von Hochdruckreiniger zugange ist, muß er das stilgerecht im festgezurrten Overall tun. Vielleicht noch Mund- und Augenschutz, dann käm sie glatt auf die Idee, das Strahlenkommando sei da.

Überhaupt, findet Paul, ist so ein Hochdruckreiniger universell einsetzbar, also wollen mal so sagen: diese Unterwäsche hier, welche die Helga in ihrer schieren Schusseligkeit –

»Allmächtiger!«

– versaut hat, jawohl. Einmal mit Hochdruck übers Unterhemd: Das wird dann sicher wieder weiß.

»Hellblau is' auch nett«, findet Helga Zuber. »Macht dich jünger.«

Zuber guckt noch einmal nach; Aldi über seinen Hochdruckreiniger: »Kolbenpumpe aus Edelstahl.« Das ist nun wirklich nicht zu verachten.

29. Das Festessen

Geräucherte Forellenfilets im Gemüsesud, Lammkeule mit Bobbybohnen und Semmelknödel, Zitronenschaum

250 g wacholdergeräucherte Forellenfilets
2 Karotten
1 kl. Sellerieknolle
1 Petersilienwurzel
50 g Süßrahmbutter

3 EL reines Sonnenblumenöl (Bellasan)
Saft einer Zitrone
4 EL Schmand (Rote Kuh)
Salz
weißer Pfeffer

1 Lammkeule für 4 Personen
6 EL kaltgepreßtes Olivenöl,
extra vergine (Lorena)
$^{1}/_{4}$ l klare Instant-Brühe
Salz
Weißer Pfeffer
1 Knoblauchzehe
1 frischer Zweig Rosmarin
$^{1}/_{8}$ l Rotwein (Médoc, Château
La Verdasse A.C., 1993)
200 g Schlagsahne (milfina)

500 g spanische Bobbybohnen
Süßrahmbutter
frisch geriebene Muskatnuß
12 Knödel halb und halb (Hatras)
50 g geröstete Toastbrotwürfel
2 unbehandelte Zitronen

300 g Schlagsahne (milfina)
150 g Zucker
4 Eier Handelsklasse A
Minze

Forellenfilets kurz im Backofen lauwarm werden lassen. In der Zwischenzeit Gemüse waschen, putzen, in Streifen schneiden und in Butter anschwitzen, in 5-8 Minuten garen. Das noch lauwarme Gemüse in einer Mischung aus 1 EL frisch gepreßtem Zitronensaft, 3 EL Sonnenblumenöl, Salz und Pfeffer einige Minuten marinieren. Lauwarme Forellenfilets auf Teller anrichten, mit Gemüsesud und jeweils einem TL Schmand pro Teller garnieren.

Lammkeule: Lammkeule waschen und trockentupfen. Öl im Bräter erhitzen und Lammkeule 15 Minuten von allen Seiten braun anbraten. $^{1}/_{8}$ l Fleischbrühe angießen. Mit Salz, Pfeffer und mit in Salz zerdrückter Knoblauchzehe würzen. Rosmarinzweig beilegen. Im vorgeheizten Ofen 30 Minuten bei 220 Grad, weitere 60 Minuten bei 180 Grad garen. Nach Ende der Bratzeit Keule etwa 15 Minuten in Alufolie ruhen lassen. Dann in 1 cm dicke Scheiben schneiden und warmstellen. Inzwischen mit Rotwein und restlicher Fleischbrühe den Bratfond loskochen und auf die Hälfte der Flüssigkeit reduzieren. Zum Schluß einen halben Becher süße Sahne zusetzen, jedoch nicht mehr kochen. Bohnen: Während der Braten in der Röhre gart, Bohnen fädeln, waschen und in 15 Minuten im Salzwasser auf kleiner Flamme beißfest garen. Abtropfen lassen und in Butter schwenken. Mit frisch geriebener Muskatnuß und Salz abschmecken. Knödel nach Packungsaufschrift mit gerösteten Weißbrotwürfeln in 20 Minuten zubereiten.

Zitronenschaum: Eigelb und Eiweiß trennen. Zitronen abreiben und auspressen. Eigelb und Zucker im Wasserbad verrühren und unter Beimischung von Zitronenschale und Saft langsam eindicken lassen. Nicht kochen, sonst fällt die Crème auseinander. Gekühlte Sahne und Eiweiß getrennt steifschlagen, unter die abgekühlte Crème heben (zuerst die Sahne, dann das Eiweiß) und kühl stellen. Mit Minzeblättern servieren.

Tip: Um sein volles Beeren-Bukett zu entfalten, braucht der Rotwein aus dem Médoc Sauerstoff. Am besten 1 Stunde vor dem Ausschenken entkorken!

Dazu passen: Champagne Vve. Monsigny, brut mit einem Schuß (1 TL) Petite Fleur-Pfirsich Likör, (Apéro), fruchtiger Bourgogne Blanc, A.C., 12,5%, 1996 (Vorspeise), beeriger Médoc, Château La Verdasse, A.C., 12,5%, 1995 (Hauptgericht), weiniger Müller-Thurgau Kabinett, halbtrocken, 10% (Deutsches Weinsiegel, im Bocksbeutel).

Summa summarum mit Wein:
83,50 Mark

30. Tag, Montag. Aldi ist Aldi

Neue Woche, neues Glück, es gibt Stichsägen! Es gibt auch unwirsche Menschen, die fragen: Was soll ich mit einer Stichsäge? Diese Frage ist schlüssig nicht zu beantworten.

Basketbälle vielleicht? Der Sonderposten Basketbälle ist schon wieder für'n Appel und'n Ei zu haben, wie die Äppel und die Eier auch. Es gibt Latschenkiefer-Massage-Fluid, und die Margarine ist jetzt eine heruntergesetzte Margarine: zehn Pfennig billiger! Das ist das Aldi-Leben. Es gibt einen Tintenstrahldrucker für 398 Mark (das sind keine 400!) und die unwirschen Menschen sagen, nee, ich geh da nicht hin! Irgendwie unfroh, sagen sie, alles so düster. Aldi ist halt Aldi. Kleine Preise, kleine Leute. Unfroh? Manche kleinen Leute rebellieren. Auf einem Einkaufswagen hockt quengelnd ein Kind. Um seiner miesen Laune Nachdruck zu verleihen, tastet es sich ins Wageninnere vor und schmeißt einen Suppen-Trockenpack »Lachende Köchin« auf den Boden. Der künftigen lachenden Köchin, der Kindesmutter, gefrieren die Gesichtszüge. Sie entgleiten ihr schier, als sie, in Hockstellung das Suppenpäckchen auflesend, die nächste Ladung abbekommt. Diesmal hat der Nachkomme einen dänischen Doppelrahm-Frischkäse geworfen. Solche Vorfälle halten zwar den ganzen Betrieb auf, sind aber doch keineswegs unfroh.

Aber alles so trist hier, geben die Querulanten zu bedenken. Irgendwie niederschmetternd, findste nicht? Kein Pomp, das geht ja noch an, das ist vernünftig. Doch noch nicht einmal *Aufwand!* Also, ich weiß nicht – hier sieht's doch aus wie in meinem Kartoffelkeller.

Aldi wird seinen Ruf nicht los. In vermeintlich guten wie in ziemlich schlechten Zeiten scheint das Milliardenunternehmen die Talsohle zu repräsentieren, die Flaute, die immerwährende Rezession. Aldi ist das Raum gewordene Sparpaket. Wer sich hier schüttelt, hat mit dem Verweis auf Kisten und Kartons nur ein behelfsmäßiges Argument, denn Aldi ist auch ein Fall für Psychologen. Was diese beflissen »verborgene Ängste« nennen würden, funktioniert so: Aldi feindlich Gesinnte sehen dem schwarzen Loch ins Auge, dem Sturz in den Abgrund. In diesen mit Produkten aller Art vollgestopften und dennoch kargen Räumen glauben sie einen Hauch von Armut zu spüren, und das ist ein ziemlich ungemütlicher Gedanke. Was, wenn man eines Tages hier einkaufen *muß?* Die *Frankfurter Rundschau* zitiert eine Werbetexterin: »Ich find's zum Kotzen, wenn ich das Zeug aus dem Karton grabbeln muß wie der Penner aus der Mülltonne, mit dem Unterschied, daß ich auch noch dafür bezahle.« Frau Zuber sagt, das stört sie nicht. Sie, Helga Zuber, ist ja auch da.

Vitamin C-Brausetabletten (Zitronengeschmack) für 1,99; wer weiß, wofür's gut ist. Aldis Stammkundschaft kauft in dem stoischen Bewußtsein ein, Ausgaben für Lebensmittel aller Art zu rationieren und ansonsten zu sehen, wo man bleibt. Im Hintergrund flötende Hintergrundmusik würde sie glatt überhören. Aldi, war in der *Frankfurter Rundschau* zu lesen, ist weniger eine Frage des Geldbeutels, »sondern eine des

Glaubens. An Aldi scheiden sich die Materialisten von den Bourgeois.«

Es gibt »Früchtelinchen Fruchtaufstrich«, und die Dose »Mandarin-Orangen« (leicht gezuckert) besteht aus lauter »kernlosen Segmenten«. Keine 80 Pfennig, also 79. Geld gespart. Manchmal erscheint Aldi selbst wie so ein kernloses Segment des ganzen Landes; beim Albrecht-Clan klingeln die Kassen, weil der Kundenstamm das Geld zusammenhält. Augen zu und durch? »Grandessa« gibt es auch bei Aldi. Ein Glas Konfitüre für 1,59. Erdbeere, Sauerkirsch oder Aprikose.

30. King-Size Ravioli mit Spinat

Für den Teig:
500 g Weizenmehl (Sonnenstrahl), Type 405
2 frische Eier, Gewichtsklasse 4
1 EL kaltgepreßtes Olivenöl, extra vergine (Lorena)
Spinatfüllung:
800 g junger Spinat
1 Bund großblättrige Petersilie
1 kleine Zwiebel

40 g Süßrahmbutter
1 EL Weizenmehl (Sonnenstrahl)
200 g Schlagsahne (milfina)
1 EL Parmesan
Salz
frisch gemahlener Pfeffer
Muskatnuß
80 g Süßrahmbutter
60 g Parmesan

Aus den Zutaten einen nicht zu festen Teig kneten. Zugedeckt eine Stunde ruhen lassen. Spinat gut waschen, in Salzwasser kurz garen, abtropfen lassen und trockentupfen. Mit 4 EL gehackter, großblättriger Petersilie mischen, beides zusammen fein wiegen. Kleingehackte Zwiebeln in Butter anrösten, mit Mehl überstäuben, heiße Milch zugießen, verrühren und etwas einkochen lassen. Feingewiege Petersilien-Spinat-Mischung dazugeben, mit Salz, Pfeffer, Muskat und Parmesankäse würzen. Erkalten lassen. Den Teig sehr dünn ausrollen und schnell arbeiten, damit er nicht austrocknet. Mit einem bemehlten Glasrand runde Flecken (Mindestdurchmesser 8 cm) ausstechen. Mit einem kleinen Löffel Füllung daraufgeben, zusammenklappen und mit den Fingern die Ränder »festpitschen«. Die fertigen Ravioli im Salzwasser 5 Minuten sieden, abseihen und mit Parmesankäse und etwas brauner Butter abschmelzen.

 Tip: Beim »Zusammenpitschen« ist Eile angesagt. Denn wenn die obere Teighälfte austrocknet, während die untere noch feucht ist, lassen sich die Ravioli nicht zusammendrücken. Außerdem: Fingerabdrücke am Rand soll man ruhig sehen können. Sie sind das Homemade-Siegel.

Dazu paßt: Pinot Grigio, Valdadige, D.O.C., 1996.

Summa summarum: 14,70 Mark

119

Köchelverzeichnis